KB132889

돈에 죽고 사는 세상에서

유쾌하게 돈 버는 법
67

돈에 죽고 사는 세상에서

유쾌하게 돈 버는 법
67

현승윤(한국경제신문 경제부 기자) 지음

🌱 나무생각

차례

1
고통 질량 불변의 법칙

안다. 당신이 지금 무엇 때문에 고민하고 있는지. 친구들과의 만남에서, 가족과의 모임에서조차 늘 무엇이 인식된다는 것. 언젠가 한 번은 이 놈을 움켜쥐고, 보란 듯이 나타나는 장면을 수없이 그리고 있다는 것을. 믿을지 모르겠지만, 세상엔 이것으로 해결되는 것이 그리 많지 않다. 이것이 해결되는 순간, 거의 같은 양의 고통이 슬며시 그 자리를 차지하리라. 당신이 지금 행복하다면, 행복이 깨질까 봐 어느 새 걱정이 시작될 것이다. 그래서 옛 어른들은 말하셨다. 이 걱정이 제일 좋은 것이라고. 돈 걱정이 가장 행복한 것이라고! 일정량의 고통은 일상에서 늘 불변한다고.

2
돈은 억울하다

100억 원이라는 거금이 생겼다고 상상해보라. 좋은 집을 살 수 있다. 원한다면 외국유학도 갈 수 있다. 다니는 회사가 마음에 들지 않으면 언제든지 그만둘 수도 있다.

돈은 자유다. '선택할 수 있는 폭이 넓어진다는 것' 이상으로 자유의 본뜻에 충실한 해석은 없다. 돈을 벌겠다는 탐욕은 자신과 가족을 위한 이기적 본능이다. 탐욕을 추구하고 돈을 벌려는 행위는 선택의 폭, 즉 자유를 얻기 위한 것이다. 이기적이고 탐욕스러운 인간이 자유주의자가 될 확률은 꽤 높다.

"당신은 왜 부자가 되려고 하는가?"라는 질문을 받는다면 "더 많은 자유를 누리기 위해서!"라고 답하는 것은 어떨까.

인간은 자신의 생존을 최우선으로 생각하는 이기적인 유전자를

갖고 있다. 그러나 이기적으로 행동하는 인간들이 이타적인 사회를 만들어가는 것 또한 사실이다. 남들을 해치지 않는 범위 내에서 돈을 벌려는 행위는 지극히, 지극히 자연스러운 행위이다.

3

빚쟁이 카이사르

데틀레프 귀르틀러의 저서 《부의 세계사》에 보면 "카이사르는 경제적으로 가장 왕성하게 활동하던 시절의 대부분을 엄청난 빚쟁이로 살았던 유일한 사람"이라고 씌어 있다. "고대를 통틀어 카이사르만큼 빚을 많이 진 사람은 없었을 것"이라고도 서술하고 있다.

카이사르는 첫 집정관으로 선출될 무렵, 1억 세스테르티우스로마의 화폐 단위의 빚을 졌다고 하는데, 당시 로마 시민 한 사람의 평균 연간소득이 200세스테르티우스 정도였다고 하니 그가 진 빚의 규모가 어느 정도인지 짐작할 수 있다. 카이사르가 집정관을 마치고 스페인 총독 부임길에 올랐을 때는 채권자들이 그의 부임길을 막고 나설 지경이었다. 당시 거부였던 크라수스가 빚보증을 해주고서야 카이사르는 간신히 길을 떠날 수 있었다.

그런 그가 빚을 모두 갚고 엄청난 재산까지 모을 수 있었던 것은, 한 번도 약탈당한 적이 없었던 갈리아 지방에서 계속 승리하면서 재물을 빼앗을 수 있었기 때문이다. 그는 갈리아 전쟁을 포함한 수많은 전쟁에서 놀라운 연승 행진을 이어갔는데, 그의 뛰어난 전술과 함께 오늘날 '스톡옵션'으로 불릴 만한 훌륭한 보상 체계가 그의 재산을 모으는 데 큰 몫을 했다. 카이사르는 옛 갈리아 지역과 게르만 지역을 정복하면서 뺏은 엄청난 재물의 상당 부분을 군사들에게 나눠줬다.

막대한 재산을 모은 카이사르는 돈을 움켜쥐지 않았다. 폼페이우스와의 전쟁을 끝내고 로마로 돌아와 종신 독재관으로 활동하면서 죽을 때까지, 모은 재물을 자신의 것으로 생각하지 않았다. 안토니우스의 연설은 카이사르의 이런 측면을 잘 보여준다. 안토니우스는 카이사르를 죽인 부르투스의 연설이 끝나자 연단에 올라 로마 시민들을 선동해 암살자들을 궁지로 몰아넣었다. 그의 연설에는 이런 대목이 있다. "그 분카이사르은 수많은 포로를 로마로 데려와 속전으로 받은 엄청난 돈을 단 한 푼도 사사로이 쓰지 않은 채, 고스란히 국고에 헌납했습니다. 그러한 행동은 과연 야심에서 비롯되었을까요? (중략) 카이사르가 친필로 서명한 유서의 내용은 이렇습니다. '로마 시민 모두에게 각각 75 드라크마^{은화 단}^위씩 드리십시오.' 또한 자신이 가지고 있는 테베레 강가의 모든 장원과 별장, 새로 조성한 정원을 모두 다 로마 시민에게 기증하여, 여러분 자손들이 대대로 휴양 장소로 이용할 수 있게 한다고 유서에 기록되어 있습니다. 이것이 바로 카이사르의 진정한 모습입니다. 우리는 이처럼 위대한 영웅을 언제 다시 만날 수 있겠습니까."

돈은 카이사르가 추구하는 목적을 달성하는 데 유용한 수단이었을 뿐, 결코 돈을 탐하거나 돈에 지배당하지 않았다. 돈은 카이사르에게 충실한 노예였을 뿐이다. 해적들에게 붙잡혔을 때 "내 몸값이 그 정도밖에 안 되느냐?"며 더 많은 돈을 지불했고, 정치를 하면서는 자신의 뜻을 관철시키기 위해 돈을 물 쓰듯 썼다. 카이사르는 고대 역사상 가장 많은 부를 축적했으면서도 돈의 무게에 사로잡히지 않고 살았던 위대한 인물이다.

돈은 인간이 다루는 여러 가지 물건들 가운데 하나일 뿐이다. 매우 특색 있고 매력적인 물건.

4
돈은 순정을 좋아해

나이트클럽에서나 어울릴 법한 의상을 차려입은 사람들치고 부자는 거의 없다. 진짜 부자들은 소박한 옷을 입고 다니는 경우가 더 많다. 밖으로 뭔가를 보여주기 위해 노력할 필요가 없기 때문이다.

화려함이라는 것은 뭔가를 감추기 위한 수단일 때가 많다. 화려함 뒤에 실속은 없다. 요란한 소리가 나는 부동산이나 주식에는 온갖 투기꾼들과 작전세력만 들끓는다. 혁신도시, 산업클러스터, 관광특별지구 등 요란한 이름으로 사람들을 끌어모은 지역들에는 기획부동산과 투기꾼들이 덤벼든다. 안정된 수익과 장기적 투자전망이 기대되는 좋은 땅을 그곳에서 찾아내기는 어렵다. 개발붐이 한풀 꺾이면 열기는 한순간에 싸늘하게 식어 매입한 땅은 쓸모없어지고 상투잡은 투자자들만 피해를 입는다.

주식도 마찬가지다. 회사 이름을 영문으로 바꾸거나 유행 첨단 업종의 분위기가 나는 이름으로 고친다고 기업의 실질적인 내용이 달라지지 않는다. 오히려 지루하고 한심해 보이는 이름을 가진 곳들 중 알짜배기 회사가 많다.

미국의 유명한 펀드매니저 피터 린치는 지루함에서 돈을 캐낸 인물이다. 단순한 이름, 무미건조한 사업, 흔해빠진 업종, 투자자들이 관심을 기울이지 않거나 외면하는 업종, 성장률이 낮은 업종, 사람들이 쉽게 접하는 상품을 생산하는 업종에서 실적이 좋은 기업들을 골라냈다. 그가 운영한 피델리티의 '마젤란펀드'는 13년 만에 자산가치가 1,800만 달러에서 140억 달러로 늘어났다. 1977년부터 1990년까지는 연평균 29%의 경이적인 수익률을 올렸다.

지루함이 주는 따분함과 짜증을 이겨내야 돈을 벌 수 있다. 좋은 주식이나 좋은 부동산은 지루하게 오래 갖고 있어야 10배 이상의 수익을 내는 10루타 상품이 된다. 퇴직자나 주부들이 직업으로 많이 선택하는 보험 설계사나 부동산 중개업도 지루함과 친해져야 한다. 아무런 성과도 없이 공수래공수거를 반복하던 것이 쌓여 어느 순간부터 질적인 변화가 나타나고 돈을 벌게 해준다.

새로운 것을 하다가 1~2년도 견디지 못하고 새로운 사업으로 눈을 돌리는 사람치고 성공한 사람은 거의 없다. 지루함을 이겨낼 수 있어야 밝은 빛을 볼 수 있다.

필자가 아는 사람들 중에 세 명의 보험설계사가 있었다. 이들은 모두 보험을 들어달라고 얘기했고, 필자는 "1년이 지나면 가입하겠다."고 말했다. 이들 중 두 명은 1년이 채 지나기도 전에 "조금 있다가 가입할 거, 조금 일찍 해주면 안 되겠냐."며 졸라대, 결국 보험에 가입했다. 다른 한 명은 1년 반이 지나도 보험 가입을 재촉하지 않았고 1년 7개월쯤 지난 뒤, 자연스럽게 보험에 가입시켰다. 현재는 한 명만이 보험설계사로 멋지게 활동하고 있다. 그 사람이 누구일지는 쉽게 짐작할 수 있을 것이다. 돈도 영혼이 있어 지고지순한 순정을 바치는 사람에게 머문다.

5
돈은 따라오는 것이다

　대부분의 거부巨富들은 일이 좋아서 일을 하고, 사업이 좋아서 사업을 한다. 일과 사업을 좋아하기 때문에, 손해를 보거나 어려움에 빠지더라도 일관성을 잃지 않는다.

　일하기를 좋아할 뿐만 아니라 매우 확고하게 일관성을 유지한 대표적인 인물이 워렌 버핏이다. 주식투자로 세계 2위의 부자가 된 워렌 버핏의 사무실에는 시세단말기가 없다. 그날그날의 시세 변동은 아예 보지 않는다는 얘기다.

　그에게도 시련은 있었다. 1990년대 말, 그는 엄청난 손실을 입은 적이 있다. 버핏은 벤처 기업과 인터넷 열풍이 미국 시장에 몰아쳤을 때도 소위 말하는 '첨단 기술주'를 매입하지 않았다. 사실은 자신이 새로운 분야를 이해하지 못했기 때문이다. 그가 운용하는 회사인 버크셔 해더웨이 주가는 1998년 8만 4천 달러에서 1999년 4만 달러로 폭락했다.

워렌 버핏은 당시 "내 자산 포트폴리오는 낙제야. 아무리 후하게 점수를 주더라도 D학점 이상은 안 되겠군."이라고 말했다고 한다. 그는 끝까지 첨단기술주에 손대지 않았다. 첨단기술주의 가격이 급등하면서 많은 사람들이 상당한 돈을 벌었지만 그는 돈의 흐름을 좇지 않았다. 그 결과 남들이 거품붕괴로 한순간에 휩쓸려 나갔을 때, 그는 손해보지 않았다. 오히려 대단한 명성을 새롭게 얻으며 큰돈을 벌었다. 돈이 그를 유혹해도 좇지 않자 돈이 그에게 안겨버린 셈이다.

돈을 버는 것이 목적이라면 돈의 흐름에 따라 그때그때 변신하게 된다. 그러다보면 일관성을 잃어버린다. 시장의 깊은 밑바닥에서 흐르는 물결을 감지하기 보다는 그때그때의 정치인이나 경제관료들의 현란한 언사에 쉽게 넘어간다.

가격변동에 따라 우왕좌왕하는 것은 상황판단이나 순발력과는 무관하다. 흔들리는 갈대의 변덕스러움일 뿐. 실제로 하루하루의 주가변동에 일희일비하는 경우가 무척 많다. 시장이 하락장세일 때도 가격은 수시로 반등을 하곤 하는데, 그 때마다 "이제는 주가가 오르는 게 아니냐.", "바닥을 친 게 아니냐."는 얘기를 하는 사람들이 의외로 많다. 세상이 알아주는 부자들은 돈을 따라다니지 않는다. 자신이 좋아하는 일을 꾸준히 즐기는 사람들이 대부분이다. 부자가 되고 싶다면 돈을 위해 일하지 마라.

6
돈은 꿈을 좋아해

화상전화는 어떻게 나왔을까? 상식적으로 생각하면 KT와 같은 유선전화 사업체가 개발했을 것이라고 생각하기 쉽다. 그러나 실제로는 인터넷 사업자들로부터 서비스가 공급되고 있다.

사진기에 담겨 있는 필름은 어떨까? 사람들은 필름 제조업체들이 차세대 필름을 만들 것이라고 생각했다. 결과는 반도체 업체로부터 나왔다. 디지털 카메라가 아날로그 카메라를 대체하면서 기존의 필름 업체들은 메모리 반도체 업체에 그 자리를 내줬다. 코닥과 후지필름이 더 많은 시장을 차지하기 위해 치열하게 싸우다 정신을 차려 보니 시장은 어느 새 다른 곳으로 이사를 가버린 것이다.

이토록 경쟁과 새로운 창조는 예상치 못한 곳에서 찾아올 때가 많다. 지금 경쟁하고 있는 업체들만 경쟁 관계에 있는 것은 아니다. 새로운 경쟁 상품이 어느 곳에서 나올지 모른다. 자신 또한 어떤 업체의 경쟁자로 변신할지 아무도 모른다. 가끔은 당신이 지금 하고 있는 일이 무슨 일인지 자신도 모를 때가 있다.

중요한 것은 지식이 아니라 지혜다. 상식이 아니라 상상이다. 지혜를 얻기 위해 무수한 지식을 쌓아야 하고, 상상을 하기 위해 다양한 상식을 섭렵해야 한다.

큰돈을 버는 사람들은 대부분 꿈꾸는 사람들이다. 끊임없이 노력하면서 꿈을 현실로 만들려고 전력투구하는 사람일수록 성공할 확률이 높다. 이 세상에서 크게 성공하는 사업가들은 몽상가적인 상상력에 구체적인 계획과 의지가 더해지면서 열매를 맺은 사람들이다.

지금 고생하고 있는 자영업자나 조그만 공장을 운영하는 사람들에게 제일 중요한 것은 꿈이다. 예측할 수 없이 밀려드는 높은 파도를 돌파하기 위한 유일한 수단도 꿈이다. 돈이 적게 모인다고 해서 실망하지 말고, 꿈을 포기하지 마라. 꿈이 이루어졌을 때를 생각하라. 상상의 나래를 펴고 하늘을 날려는 시도를 계속 하라. 돈은 꿈을 좋아한다.

7

돈은 재미있는 속임수에서 나온다

할인점에서 4만 원 정도를 주고 조립식 아기 책상을 산 적이 있다. 값이 상당히 싸다고 생각해서 샀는데, 밤늦게 조립하느라 고생했던 기억이 아직도 생생하다.

황당하게 들릴지 모르겠지만 회사가 당연히 해야 할 업무의 일부를 고객에게 떠넘기는 사업 방식도 훌륭한 방법이 될 수 있다. 고객에게 당연히 제공해야 할 서비스를 제공하지 않음으로써 가격을 낮춘 것일 뿐인데도 사람들은 '물건이 싸다'고 느끼고 구매한다. 조삼모사朝三暮四는 일종의 속임수에 불과하지만 훌륭한 사업 방식이 될 수도 있다.

스웨덴의 세계적인 조립식 가구 전문업체인 이케아는 가구를 구입하는 사람들에게 직접 조립하도록 일거리를 주는 방식으로 물건을 팔아 돈을 엄청나게 벌었다. 노동비용을 고객에게 전가하는 대가로 가격을 낮췄을 뿐인데도 고객들은 이케아 가구가 싸다며 구입했다. 이케아는 가구를 조립하는 데 생산성이 매우 낮은 사람들^{일반 고객들}에게 조립 업무를 맡겼다. 가구 조립에 '전문적인 능력을 갖고 있는 사람들이 대량으로 생산하는 편이 비용을 훨씬 절감할 수 있다'는 전문성의 원칙을 정면으로 뒤집은 것이다.

스타벅스는 커피가 아니라 '커피를 마시는 문화를 판다'는 아이디어로 돈을 벌었다. 델 컴퓨터는 소비자와 직거래를 하기 위해 중간 유통망을 없앴다. 프레드릭 스미스는 단지 남들보다 조금 더 빠르게 배달하는 운송서비스로 직원 수가 21만 명에 달하는 페덱스^{Fedex}를 만들어냈다.

8
돈이 당신을 모시게 하라

　상당한 거금이 갑자기 생기는 경우, 인생의 주인이 돈으로 바
뀌기도 한다. 돈이 잠잘 때도 두 손으로 붙들어야 하는 신주단지
가 되었다면, 그것은 더 이상 돈이 아니다. 잠을 편안하게 잘 자
유마저 빼앗아가는 냉혹한 주인이다. '돈을 불려야 한다'는 강박
관념은 끊임없이 무엇인가를 하도록 만들고 결국 사람들을 폐인
으로 만든다. 이런 상황에 몰리면 사람들은 대개 사기를 당하거
나 돈을 헛되게 쓴다. 이 세상에는 수백억, 수천억 원의 돈을 부
담스럽게 생각하지 않고 살아가는 사람이 있는가 하면 수십억 원
조차 감당하지 못해 망가지는 사람들도 많다.

　갑자기 돈이 생겼다면 일단 은행 정기예금에 집어넣는 것이 가
장 좋은 방법이다. 그리고 한동안 잊어버려라. 많은 시간을 아무

일도 없었던 것처럼 살아라. 아마도 자연스럽게 답이 나올 것이다. 어떻게 살아야 할지, 어떤 집을 사야 할지, 자녀 교육은 어떻게 시켜야 할지, 어디에 투자해야 할지 등에 대한 그림이 그려질 것이다. 그런 그림을 그릴 수 있다면 그 크기만큼 당신의 그릇은 커진 것이다.

그 돈을 어떻게 해야 할지 모르겠다면, 계속 정기예금에 넣어놓고 이자를 받아쓰면서 행복하게 생활하라. 돈의 그기가 그 주인의 그릇을 넘어서는 순간, 인간은 돈의 노예가 된다.

9
돈에는 꼬리가 달려 있다 I

당신이 쓰는 돈에는 보이지 않는 꼬리가 달려 있다. 수표가 아닌 현금이면 추적하는 것이 불가능하지만, 돈을 준 사람의 장부속에는 버젓이 꼬리표가 남아 있다. 장부가 없으면 머릿속에라도 기억이 남아 있다. 뇌물을 주고 사업을 따려는 브로커들은 반드시 장부에 돈의 행적을 기록한다. 기록이 남아 있지 않으면 자신을 고용한 업자에게서 배달사고를 냈다며 고소를 당할 수 있기 때문에 최소한의 방어 차원에서라도 기록한다.

자신이 심각한 곤경에 처했는데도 돈의 향방에 대해 끝까지 입을 다무는 사람은 없다. 회계법인의 대표도, 심지어 대기업 CEO마저도 형사처벌이라는 엄포 아래서는 입이 술술 열린다고 한다. 달콤한 돈의 유혹, 어떤 화로 돌아올지 모른다.

10
돈에는 꼬리가 달려 있다 Ⅱ

이 명제를 알았다면 돈을 흘릴 필요가 있다. 누군가로부터 들은 얘기다. 그는 배낭여행 이태리 초행길에 한 대학생 그룹을 만났다. 방세도 줄일 겸 방을 함께 쓰게 된 대학생들은 굶는 것은 다반사인 초강력 절약 여행 중이었다. 바티칸 성당을 같이 둘러보면서 그들에게 "점심을 사겠다."고 제안한 그는 자그마한 스파게티 집에서 오랜만에 식사다운 식사를 하게 해주었다. 대학생 중 한 명이 "왜 사주시는 거예요?"라고 묻자 그는 잠시 생각하다 말했다. "나중에 어른이 된 너희들이 배낭 맨 대학생들을 만나거든 한 끼쯤 사주라고." 그 때, 그의 눈앞에는 고물고물 자라나는 자신의 아이가 떠올랐다고 한다. 내 아이의 지친 여행길에 누군가 선뜻 한 끼 식사를 사준다면.

11

자식의 돈 버는 근육을 키워줘라

자녀가 어렸을 때는 가능한 한 자녀를 위해 돈과 시간을 많이 써라. 젖먹이 아기에게 영양이 풍부한 젖이나 우유를 시간 맞춰 먹여줘야 하는 것과 마찬가지 이치다. 스스로 찾고 노력할 능력이 없는 나이에는 부모가 열정적으로 도와줄 필요가 있다. 자녀와 함께 세상구경을 많이 다니며 다양한 경험을 쌓고 여러 분야에서 활동할 수 있도록 적극적으로 지원하라.

자녀가 성장해서 뭐든 스스로 할 수 있는 나이가 되면 더 이상 돈을 쓰지 마라. 성장한 자녀에게 가장 필요한 것은 자립심과 인생을 살아가려는 투지다. 자녀가 혼자 설 수 있을 때도 계속 지팡이를 들이미는 것은 정상적으로 형성돼야 할 자녀의 다리근육만 허약하게 만들 뿐이다. 자녀에게 많은 돈을 물려주겠다는 생각은 그다지 훌륭한 생각이 아니다.

자녀가 고등학교를 졸업할 때까지만 보살펴주고 대학 학자금 정도는 스스로 마련하게 하는 것이 어떨까? 돈 버는 데 관심이 많은 자녀들은 아르바이트를 하거나 사업을 해서 등록금을 마련할 것이고, 조금이라도 더 공부하는 것이 미래에 더 많은 수익을 가져다줄 것이라고 판단하는 자녀는 금융회사에서 학자금 대출을 받아 등록금을 낼 것이다. 등록금을 대출받는 데 필요한 보증 정도는 부모로서 서줄 수도 있을 것이다. 자녀가 어느 방법을 택하든 맡겨두자. 중요한 것은, 자녀의 독립심과 경제에 대한 감각을 키워줘야 한다는 것이다.

자녀를 과도하게 보호하고 지원함으로써 부모로서 떠안지 않아도 될 무거운 짐을 짊어지고 살아갈 이유는 없다. "어느 집 자식은 부모의 도움을 받아 편안하게 공부하고 있는데 내 자식은 돈을 스스로 벌어가며 공부를 해야 하다니 안쓰럽다."고 생각할 필요가 없다.

당신의 자녀는 돈 버는 방법을 공부하고 있는 것이다. 편의점에서 일을 하는 것도, 인터넷에서 물건을 사고팔면서 차익을 남기는 것도, 트럭을 몰고 다니면서 물건을 파는 것도, 전산프로그램 등을 개발하는 아르바이트를 하는 것도 살아 있는 경제 공부

다. 자식에게 많은 돈을 주는 것은 오히려 그가 삶을 체험할 기회를 뺏는 것이다. 이 얼마나 잔인한 일인가!

12

불로소득?

현대 자본주의 사회에서는 가장 효율적이고 생산적인 기업, 발전가능성이 높은 기업들을 발굴하고 돈을 대주면 상당한 이득을 얻을 수 있다. 생산성을 높이거나 좋은 제품을 만들 수 있는 아이디어를 제공하는 것만으로도 크게 성공하고, 돈을 빌려주거나 기술을 제공하는 것만으로도 충분히 생계를 유지할 수 있다.

불로소득이 많이 생겨 더 이상 힘든 육체노동을 하지 않아도 많은 것을 얻을 수 있게 된 사회는 좋은 사회다. 은행에 돈을 예치해 이자를 받는 소극적인 이익추구 행위뿐만 아니라 주식 투자나 부동산 개발 등의 다양한 투자로 돈 버는 길이 앞으로도 계속 펼쳐질 것이다.

다른 사람들이 힘겨운 노동으로 하루하루 연명하고 있는데, 자본이나 기술, 좋은 투자 상품을 고를 줄 아는 안목을 가졌다는 이유만으로 손쉽게 돈을 버는 것은 불공평한 일이라고 비난할 수도 있다. 그렇다고 해서 불로소득을 추구하는 행위 자체가 비판의 대상으로 전락해서는 안 된다. 육체노동이 아닌 방식으로 생산성을 높이는 효과적인 방법인 경우가 많기 때문이다.

이 세상에 공짜 점심은 없다. 성장성이 있다고 확신한 기업이 실제로는 발전하지 못하고, 창업수의 신뢰도가 높다고 생각했던 기업이 회사 돈을 빼돌리는 기업으로 판명나는 경우도 많다.

불로소득을 얻으려면 위험을 떠안을 수밖에 없다. 시시각각 변하는 상황에서 끊임없이 결정을 해야 하고, 잘못 판단한 대가로 엄청난 희생을 치러야 할 때도 많다. 그렇게 잃어버린 소득이 다른 사람들이 얻는 불로소득의 원천이 되기도 한다. 불로소득을 추구하는 사람들 중에는 이익을 보는 사람 못지않게 손해 보는 사람도 많다. 이렇게 보면 그들을 부러워하거나 억울해할 이유는 없다.

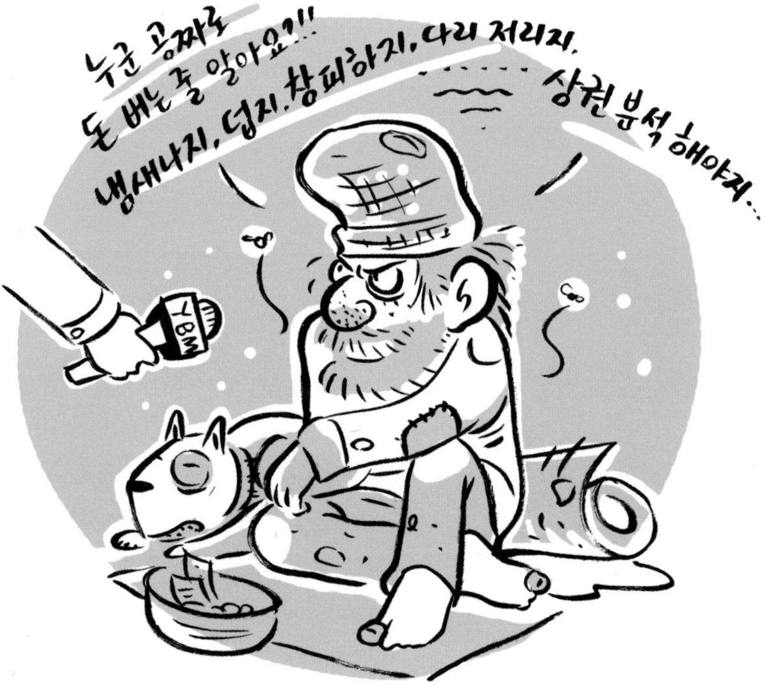
누군 공짜로 돈 버는 줄 알아요?!!
냄새나지, 덥지, 창피하지, 다리 저리지,
...... 상권 분석 해야지...
YBM

13

사촌이 땅을 사면 내 배가 즐겁다

한 선배가 이런 얘기를 했다. "해외 생활을 오래한 덕분에 아이가 원어민처럼 영어를 발음하는데, 이 때문에 학교에서 놀림을 당하더라."는 것이었다. 이 선배는 고민 끝에 해외 생활을 해본 아이들이 많은 지역으로 이사를 갔다. 그곳에서는 원어민 영어발음을 하는 친구들이 여러 명 있어 자연스럽게 영어를 공부할 수 있었다. 선배는 "선생님도 영어 시간에 책 읽는 역할을 아이에게 많이 맡겨, 이제 학교에 다니는 것을 즐거워한다."고 말했다.

세상은 모순된 사회다. 거의 모든 사람들이 성공하기 위해 뛰면서도 그 결과로 나타나는 차등을 인정하는 데는 매우 인색하다. 다른 사람이 특출한 것을 쉽게 인정하지 않는다. 그 사람의 능력이나 노력보다는 주변 환경이나 빈부격차의 문제로 인식하고 싶어하는 경향이 있다. 이런 세상에서 우리 아이만 뭔가를 유달리 잘한다는 것은 때로 고통스러운 일이 되기도 한다.

동네에서 자기 집만 부잣집인 경우에도 고통스러운 일이 종종 생긴다. 반대로 당신은 전혀 부자가 아닌데 주변 사람들은 모두 부자인 경우는 어떨까? 상대적인 박탈감을 느낄 것이다. 하지만 내 주변 사람들이 부자인 것은 나에게 매우 좋은 일이다.

사촌이 땅을 사면 배가 아프다고? 그것은 부자가 되기 위해 당장 버려야 할 잘못된 법칙이다. 사촌이 땅을 사면 내 배도 부른다. 사촌만큼 배가 부르지야 않겠지만 따뜻한 마음으로 축하해주면 맛있는 밥이라도 함께 먹을 수 있지 않겠는가? 땅을 사는 데 특별한 비법이 있었다면 이를 공짜로 전수받을 수도 있을 것이다. 땅을 사는 데 들어간 목돈은 어떻게 마련했는지, 그 땅을 고른 이유는 무엇이었는지, 다른 어려움은 없었는지 등등에 대해 얘기해볼 수 있는 기회도 생긴다.

주변에 자녀를 해외로 연수 보내는 부잣집이 많아 그 학교에 다니는 아이들 대부분이 원어민처럼 영어를 발음한다고 생각해보자. 내 자녀에게 영어를 훌륭하게 발음하는 사람들과 함께 공부할 수 있는 기회가 생긴다.

내 친척과 친구들이 돈을 벌고, 집을 사고, 부자가 된다면 진심으로 축하해줄 일이다. 마음 한 켠에 웅크린 박탈감을 억누르는 도덕군자가 되라는 얘기가 아니다. 내 주변에 부자가 많을수록 나도 부자가 될 확률이 높아지는 것을 즐거워하라는 얘기다.

경제는 제로섬zero-sum이 아니라 플러스섬plus-sum 게임이다. 제로섬 게임이라면 '누군가 번다는 것은 누군가 손해를 본다는 것'이라는 의미지만 플러스섬 사회에서는 모든 사람들이 이익을 얻을 수 있다. 내가 다니는 회사의 사장이 돈을 더 많이 번다고 해서 직원들이 가난해지는 것은 아니다. 거꾸로 사장이 돈을 많이 벌면 직원들의 주머니도 두둑해지는 것이 요즘 세상이다.

14
부자도 참 가지가지다

부자들이라고 해서 똑같은 성향을 보이는 것은 아니다. 성장배경이나 성품, 교육수준에 따라 전혀 다른 행태를 보인다. 미국의 JP모건자산운용회사가 구분한 부자의 유형은 그런 점에서 매우 흥미롭다. 백만장자를 뜻하는 'millionaire'에 특색을 살린 단어를 합성하는 방식으로 부자들을 구분했다. 새로 만들어낸 단어들이 재미있다. 이 단어들을 읽으면서 어떤 유형의 부자가 되려 하는지 생각해보자. 부자들을 대상으로 영업하는 사람이라면 당신의 고객이 어떤 유형인지 따져보자. 부자들의 지갑 두께로 고객을 구별하기 보다는 독특한 성향을 파악하는 것이 당신의 주머니를 두툼하게 해주는 데 훨씬 도움이 될 것이다.

스릴리어네어(Thrillionaire) '전율, 오싹함, 두근거림'을 뜻하는 'thrill'이라는 단어가 키워드다. 소비를 통해 'thrill'을 만끽하고, 영화의 주인공처럼 화려하게 살려는 부자들이다. 인생의 즐거움은 돈을 펑펑 쓰는 데 있다고 생각한다. JP모건은 이들에 대해 '인기 없는 상품이라 하더라도 손님에게 딱 맞는 제품이라고 꼬드기면 금방 넘어오는 스타일'로 규정하고 있다.

웰리어네어(Wellionaire) 웰빙을 추구하는 부자들이다. 가족적인 생활을 즐기고 건강과 스포츠, 자녀교육을 중요시한다. 이들에게는 수익률을 제시하기보다 대학 학자금이나 종신보험 등 삶에 보다 의미가 있어 보이는 상품들을 추천하면 좋다.

리얼리어네어(Realionaire) 현실주의자들이다. 어려움을 겪으면서 성장한 부자들 가운데 이런 유형이 많다. 쓸데없는 곳에 돈을 쓰지 않으려는 구두쇠 성향이 강하다. 이런 유형의 부자들에게는 고급 레스토랑에서 접대하면 불리하다. 비싼 음식값을 수수료에 떠넘길 것이라고 생각하기 때문이다.

윌리어네어(Willionaire) 봉사활동과 기부를 많이 하는 부자

들이다. 사회에 기여하려는 '노블리스 오블리주Noblesse oblige' 정신이 강한 유형이다. 다양한 사회공헌으로 자신의 명예를 추구하는 스타일이다. 이런 유형의 부자들에게는 '사회봉사 활동을 많이 하는 회사'라는 점을 내세워 영업하는 것이 좋다. 수익금의 일부를 '자선 활동에 사용하겠다'고 강조하는 것도 도움이 될 것이다.

쿨리어네어(Coolionaire) 분위기를 즐기는 부자들이다. 돈은 아름다움을 창출하는 데 써야 한다고 믿는 사람들이다. 명품을 좋아하고 미술품에 관심이 많다. 예술적인 감각과 상식을 키우는 것이 이런 부자들을 대상으로 하는 영업에 도움이 된다.

15

부자들에 대한 책은 해답이 아니라
단순한 사례에 불과하다

부자가 되고 싶은가? 그렇다면 먼저 해야 할 일이 있다. 부자들의 공통된 행태를 거론하면서 부자 되는 비법에 대해 써놓은 책들을 믿지 마라. '부자들이 그렇게 했다'고 하는 것들을 좇지 마라. 부자가 되기는커녕 시간만 낭비할 뿐이다. 왜 그런가? 방법이 잘못됐기 때문이다. 일부 부자들의 경험을 마치 진리인 것처럼 다루기 때문이다.

예를 들어보자. 우리나라 부자 1백 명을 대상으로 조사해 공통된 법칙들을 찾아냈다고 가정하자. 이런 법칙들을 그대로 따라하면 부자가 되나? 이 물음에 답하기 전에 주제를 잠깐 돌려보자. 로또 복권 1등에 당첨된 1백 명을 찾아내 일일이 조사해 공통된 법칙 하나를 찾아냈다. 이들 대부분은 탁구공에 일련번호를 쓴

뒤, 상자에 집어넣고 한 개씩 공을 꺼내 번호를 적어냈다는 것이다. 이 법칙을 그대로 따라하면 로또 1등에 당첨될까? 아니다. 절대 아니다. 1백 명의 1등 당첨자들 중에서 70명이 이런 방식으로 1등에 당첨됐다고 하더라도 그것은 우리에게 유익한 정보를 주지 못한다. 로또 복권을 사는 수백만 명의 사람들 중에서 70%가 이런 방식으로 번호를 적어낸다면 당연히 1등 당첨자의 70%는 그들 중에서 나올 것이다. 1등 당첨자들의 80%가 매주 1만 원어치씩 로또복권을 산다고 치자. 나도 매주 1만 원어치씩 복권을 사면 조만간 1등에 당첨될까?

우리나라에서 부자학을 표방하는 대중서들은 가능한 많은 사람들을 끌어들이기 위해 뭔가 색다른 법칙들을 찾아내 설득력을 부여하기 위한 시도를 하고 있다. "부자들을 보라. 그들은 이렇게 한다."며 대중을 몰아간다. 뭔가 있어 보이는 책일수록 더 많이 팔린다. 몇몇 부자들이 특정한 방식으로 돈을 벌었다고 해서 그대로 따라할 경우, 깡통차기 쉽다. 짧은 기간에 엄청난 돈을 번 사람들은 엄청난 위험을 감수하는 모험투자를 하는데, 그런 투자를 한 수많은 사람들 중, 불과 1백 명 정도만 성공하고 나머지 수만 명은 참담한 실패를 겪었을 수 있다.

대중을 현혹하는 책들은 성공한 사람들의 이야기만 다룰 뿐 동

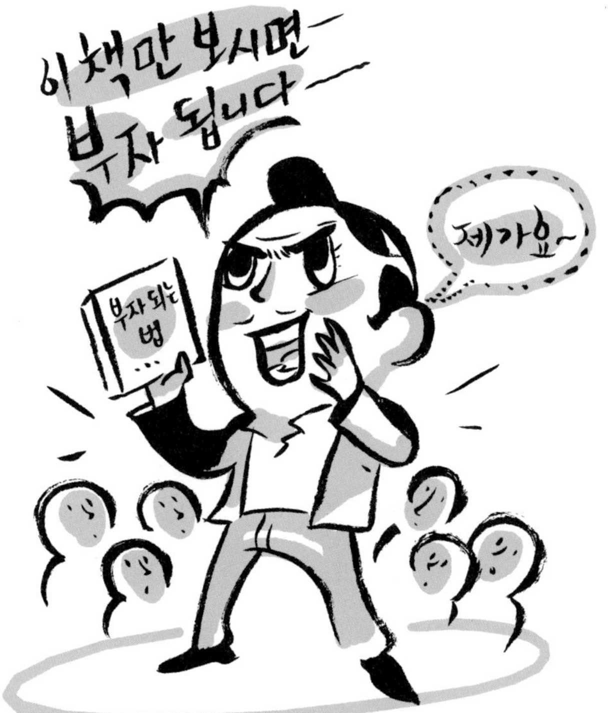
이 책만 보시면~
부자 됩니다~
부자 되는 법
...
제가요~

일한 방법으로 실패한 더 많은 사람들의 얘기는 다루지 않는다. 주식이나 선물·옵션, 부동산 같은 것들로 돈을 많이 번 사람들보다 훨씬 많은 사람들이 동일한 투자로 실패했다는 사실을 알아야 한다. 특정한 시기에 포착한 부자들의 모습은 그리 믿을 게 못 된다. 현재의 부자 100명의 명단을 내년에 확인해보라. 이들 중 일부는 돈을 잃어 신용불량자로 전락하고, 10년이 지난 뒤에는 절반 이상이 부자 명단에서 사라질 수 있다. 그런데도 수많은 책들은 이들의 행태를 따르라고 강요한다. 어느 시대에나 1백 명의 부자들은 있기 마련인데, 이들의 행태를 분석해서 '부자 되는 비법'이라고 소개하는 것처럼 우스운 일은 없다.

16

부자는 평생 즐겁게 일할 수 있다

〈한국경제신문〉 2006년 4월 17일자 기사의 일부다. "41세의 헤지펀드매니저, 데이비드 비치는 아직 한창 일할 나이지만 펀드 매니저 생활을 청산하고 조기은퇴하기로 결심했다. 그가 운용하는 원자재 펀드가 대박을 터뜨린 덕에 평생 먹고 살 만한 거액을 손에 쥐었기 때문이다. 8억 5,000만 달러 규모인 비치의 헤지펀드는 19%가 넘는 연수익률을 올렸고 이에 따라 그가 받은 수수료는 약 3천만 달러(약 287억 원)에 달한다."

대박을 터뜨리기를 학수고대하는 사람들은 이처럼 화려한 은퇴를 꿈꾸는 경우가 많다. 수백억 원의 돈이 생긴다면 직장을 때려치우고 야자수가 우거진 맑은 하늘 아래서 해수욕을 즐기고 요트를 타는 생활을 하겠다는 사람들이 의외로 많다. "돈이 있다면 뭐 하러 직장을 다니겠느냐."는 것이다.

출근시간에 얽매이지 않아도 되고 계약을 따내기 위해 노심초사하지 않아도 되는 삶은 참으로 근사해 보인다. 하지만 정말 그럴까? 30년 동안 일하지 않고 그냥 놀면서 지내야 한다면 행복할까?

돈 걱정도 하지 않고 할 일도 없는 은퇴자가 재미있게 생활한다는 것은 참으로 어려운 일이다. 미치 앤서니 어드바이저 인사이트 사장은 그의 책 《은퇴혁명New Retirementality》에서 다음과 같이 말했다. "금융계에서 제시하는 환상은 카리브 해에서 열대음료를 홀짝거리며 여생을 편안하게 쉬는 것이었다. 은퇴자들은 경주에서 은퇴하여 편안한 삶을 누리고 있는 사람들이었지만 대부분 경주에 참여하지 못한다는 것에 고통스러워하고 있었다. 지루한 생활을 견디다 못해, 자기 파괴적인 행동을 하는 사람들도 많았다. 이러한 사실들을 종합하면 한 가지 명확한 결론을 얻을 수 있다. 은퇴란 부자연스러운 현상이다! 은퇴할 재력이 있더라도 경주에서 완전히 물러나는 것은 최악의 선택이다."

미국의 한 인구통계잡지 여론조사에 따르면 은퇴 생활에 적응하기 어렵다고 응답한 사람이 조사대상자의 41%였는데, 이는 신혼부부 가운데 결혼에 적응하기 어렵다고 대답한 12%와, 자녀를 키우기 어렵다고 말한 23%보다도 훨씬 높은 수치다.

'돈을 많이 벌 때까지는 죽도록 일하고, 부자가 된 뒤에는 직장을 그만두고 편안하게 살겠다'고 생각하는 것은 그리 현명한 결정이 아니다. 아무리 부자라 하더라도 사회에서 물러나 은퇴자로 살아가는 것은 쉬운 일이 아니다. 소득은 적더라도 자신이 좋아하는 일을 조금씩이라도 계속하면서 살아가는 것이 훨씬 더 행복하고 건강한 삶이다.

미국 부자들이 자선사업에 나서는 것은 '새로운 직업'에 다시 도전하는 것이기도 하다. 미국 자선단체에 거액을 기부한 사람들 중에는 일주일에 20~30시간 정도를 자선단체에서 일하는 사람들이 많다. 마이클 블룸버그 뉴욕시장은 아예 "2009년 임기가 끝난 뒤에는 자선활동을 제2의 풀타임 직업으로 삼겠다."고 말하기도 했다.

돈을 많이 벌어 좋은 것 중 하나는 자신이 하고 싶은 일을 마음껏 할 수 있다는 것이다. "이번에 크게 한 건 터뜨린 다음, 아귀 같은 이 세상에서 벗어나겠다."는 식으로 돈을 벌려는 것은 바람직하지 못하다. 부자 되는 것뿐만 아니라 부자가 된 다음, 평생 할 수 있는 일이 무엇인지에 대해서도 진지하게 고민할 필요가 있다.

17
부자에게는

돈이 주는 행복과, 돈이 깨는 행복.

부자에게는 득실대는 아첨꾼들만 있을 뿐, 진정한 친구는 없다.

웃어넘기기에는 좀 씁쓸한 말이지만,

이 책을 계속 읽어야 하는 이유는 되지 않을까?

18

거부가 될 확률은 누구나 비슷하다

느긋해지는 것은, 탐욕스러운 세상을 유쾌하게 사는 가장 훌륭한 방법 중 하나다. 2005년 9월호 〈포브스지〉는 '미국 400대 부자'를 선정했다. 미국의 부자 1등은 빌 게이츠 마이크로소프트 회장이다. 그가 가진 돈은 510억 달러에 달한다. 우리나라 돈으로 환산하면 대략 50조 원쯤 될 것이다. 그 돈이 얼마나 큰 것인지는 상상이 잘 안 된다. 2등은 워렌 버핏이다. 전문투자자인 그는 약 400억 달러에 달하는 재산을 갖고 있다. 3등은 폴 알렌으로 마이크로소프트의 공동창업자다. 그의 재산은 225억 달러였다. 4등은 마이클 델 델컴퓨터 회장(180억 달러), 5등은 래리 엘리슨 오라클 회장(170억 달러)이었다.

이들은 놀랍게도 모두 자수성가한 부자들이다. 이들의 부모는 부자가 아니었다. 다양한 직업을 가진 사람들이었다. 빌 게이츠의 아버지는 변호사였고 어머니는 초등학교 교사였다. 폴 알렌의 아버지는 대학도서관 직원, 어머니는 고등학교 교사였다. 마이클 델의 아버지는 치과의사, 어머니는 금융회사 직원이었다. 워렌 버핏의 아버지는 주식중개인이었다. 미혼모의 아들로 태어난 래리 엘리슨은 생후 9개월 만에 친척집에 입양됐고, 중학교를 마치지 못하고 중퇴했다.

거부들의 부모가 변호사나 치과의사, 교사 등이었다고 해서 이들 직업에 눈길을 주는 사람은 없을 것이다. '변호사의 자녀니까, 의사의 자녀니까, 교사의 자녀니까 큰 부자가 됐겠지'라고 생각하는 사람은 없을 것으로 믿는다. '빌 게이츠 같은 훌륭한 사람을 자녀로 두려면 변호사가 돼야겠군'이라고 생각한다면 옆길로 새는 것이다. 미국의 변호사는 가난한 직업은 아니지만 그렇다고 부자로 볼 수 있는 직업도 아니다. 주목할 만한 것은, 거부들의 부모가 평범한 사람들이었다는 사실이다.

2006년 3월 〈포브스지〉에는 전 세계 793명의 억만장자를 소개하는 기사가 발표된 적이 있다. 이들 가운데 자수성가형 부자가 452명으로 전체의 57%를 차지했다. 절반 이상이 스스로의 힘으로 대가大家를 이룬 것이다. 물론 절반에 약간 못 미치는 사람들

문제 : 다음 부모 중 부자 자녀를 가질 수 없는 사람은?

① 회사원 김 씨

② 농사꾼 이 씨

③ 병원장 최 씨

④ 땅부자 오 씨

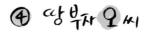

정답 : ___

은 부모로부터 돈을 물려받아 거부가 된 사람들이다. "자기 노력으로 자수성가해서 부자가 된 사람은 절반을 약간 넘는 정도에 불과하잖아."라고 말할 수도 있다. 개인별로 보면 부잣집 아이들이 부자가 될 확률이 평범한 가정의 자녀가 부자가 될 확률보다 더 높은 것도 사실이다.

하지만 적어도 이 세상의 거부 가운데 절반 이상은 자신의 노력으로 성공한 사람들이라는 사실에는 변함이 없다.

19

바쁜 부자는 부자가 아니다

경제는 일면적이다. 인생에서 중요한 여백의 미美를 제대로 인정하지 않는다. 경제에서 가장 중요한 지표인 1인당 GDP국내총생산는 부가가치를 생산한 금액이다. 부가가치를 생산하기 위해 희생한 시간여가이라는 개념은 들어가 있지 않다. 하루에 한 시간을 일하든, 20시간을 일하든 한 사람이 연간 2만 달러를 번다면 1인당 GDP는 2만 달러다. 두 나라의 1인당 GDP가 똑같이 2만 달러라고 해서 "두 나라 사람들의 삶의 질이 같다."고는 말하지 못한다.

한국 노동자들의 평균 근로시간은 2004년에 2,394시간이었다. 반면 노르웨이와 네덜란드 노동자들의 근로시간은 연간 1,400시간에도 못 미쳤다. 상당수의 유럽 국가들은 근로시간이 연간 1,500시간 이하다. 세계 최대 경제대국인 미국은 2004년 근로시간이 1,808시간이었고 일본 근로자들도 1,789시간을 일했다. 미국과 일본 근로자들은 유럽 국가의 근로자들에 비해 훨씬 많이 일하지만 한국에 비해서는 여유로운 편이다. 유럽 국가에서 일하는 노동자에 비해 한국 노동자들이 50%정도 임금을 더 받더라도 '잘 산다'고 얘기하기는 어렵다. 인생의 여유 또한 엄청난 가치를 지닌 것이기 때문이다.

부자들 중 상당수는 시간의 빈자貧者들이다. 많은 연봉을 받는 대신 일에 빠져 가족이나 친지들과 함께 시간을 보내는 여유가 없는 사람들이 많다. 그런데도 이런 사실은 그다지 중요하게 다뤄지지 않는다. 정부가 지향하는 정책이란 실업률을 낮추거나 국민소득을 높이는 등등의 것들밖에 없다.

사람들도 소득이나 예금 잔고, 부동산 등 재산과 관련된 것들을 중시할 뿐 정작 '어떻게 살아가는지'에 대해서는 그다지 관심을 갖지 않는 경우가 많다. 우리나라 재벌 총수가 얼마나 돈을 많이 갖고 있는지에 대해서는 관심을 보이면서도 그 사람이 어떻게 시간을 보내면서 살아가는지, 그의 삶이 행복한지에 대해서는 그다지 생각하지 않는다. 진짜 부자란, 돈뿐만 아니라 시간을 여유롭게 쓸 수 있는 사람들이다.

그 다음 유형의 부자는 어떤 사람들일까? 시간이나 돈 중에 하

나를 많이 가진 사람이다. 어느 쪽이 더 부자인지는 당신 생각에 달려 있다. 극단적인 예이지만 자발적인 실업자들이야말로 돈보다는 자신의 시간을 중시하는 사람들이다. 유럽에서는 실업자에 대한 정부의 지원제도가 잘 갖춰져 있다. 일반 근로자들이 받는 소득의 50% 이상을 생활비로 지원받는 실업자들이 많다. 독일이나 프랑스 등의 실업률이 10%를 넘나들면서도 사회가 안정된 이유는 이들 실업자 중 상당수가 자발적인 실업자들이기 때문이다.

어느 한 쪽을 위해 다른 쪽을 지나치게 희생해서는 안 된다. 젊은 날에는 돈을 버느라 시간이 없어서, 늙어서는 건강을 해쳐서 평생 가난하게 사는 우愚를 범하지 말자. 이런 이야기를 수도 없이 들었겠지만, 지금 이 순간 마음에 새기지 않는다면 진정한 부자가 될 수 없다. 진정한 부자는 조화의 귀재다.

20

두 배로 슬픈 일

돈이 없는 것은 슬픈 일이다.
하지만 돈이 남아도는 것은 두 배로 슬픈 일이다.
대문호 톨스토이가 한 말이다.

21
부자는 일확천금을 꿈꾸지 않는다

'부자되기 열풍'은 사람들의 조급증을 부추기고 있다. "남들은 30대 초반에 20억 원 이상을 가진 부자가 됐는데 나는 지금 뭐하고 있는 거냐."며 한탄하는 사람들을 주변에서 쉽게 볼 수 있다.

불행하게도, 하루라도 빨리 부자가 되겠다는 조급증은 부자가 될 수 있는 길을 엉망으로 만들어버린다. 업무 시간에 컴퓨터 화면에 증권사 홈트레이딩 시스템을 띄워놓고 틈틈이 주식매매를 하는 사람들은 하루에도 수차례씩 주식을 사고파는 데이트레이딩day-trading을 하면서 돈을 벌겠다는 생각을 하고 있다. 불행하게도 이런 사람들은 증권사의 수입을 보장해주고 국가 재정을 튼튼하게 할 뿐 정작 자신의 주머니는 채우지 못한다.

재테크는 중요하다. 갖고 있는 돈을 잘 굴리면 부자가 될 수 있다. 그러나 조급증에 휩싸인 지나친 재테크 열풍은 그들이 열망하는 조급함의 속도로 사람들을 가난에 빠뜨릴 수도 있다. 사회적인 부가 늘어나지 않는 가운데 자산가치만을 불리려는 노력은 거품을 초래하고, 거품붕괴의 후폭풍은 수많은 사람들의 부를 한꺼번에 빼앗아간다.

주식시장에서 성공한 사람들의 전리품은 무수히 많은 개미들의 피와 눈물이다. 버블의 상투를 잡는 수많은 사람들이 있기 때문에 떼돈을 버는 사람들이 나온다. 우리 사회의 부가 획기적으로 늘어나는 것이 아니라면 부자들이 한꺼번에 늘어날 수는 없다.

경제가 발전한다면 주식시장과 부동산시장은 장기적으로 볼 때 그 가치가 점점 올라가는 시장인 것은 분명하다. 그러나 주식시장과 부동산시장에 뛰어든 사람들 중 상당수는 주식이나 부동산의 가치가 서서히 올라가는 것을 한가롭게 기다리지 않는다. '젊은 부자 열풍'에 휩싸여 짧은 기간에 일확천금을 벌겠다는 사람들은 5년, 10년을 내다보면서 투자하지 않는다. 기업가들조차 장기적인 성장보다는 단기적인 상장차익을 노리는 경우가 많다.

재테크로 돈을 벌려는 사람들이 늘어나는 만큼 기업들이 더 번창하고 실질적인 부가 쌓인다면 이보다 더 바람직한 일은 없다. 하지만 우리 사회에서 기업가들의 투자는 그다지 늘어나지 않고 있다. 벌어들인 돈으로 더 많은 제품을 만들기보다는 주가를 관리하기 위해 자사주를 매입하는 데 열중하는 모습까지 나타나고 있다. 이 같은 상황에서 벌어지는 재테크 열풍은 부자를 만들어 내지 못한다. 재테크 열풍으로 나타나는 가격상승은 언젠가 버블 붕괴를 불러오고 결국 중산층을 급속히 붕괴시킬 것이다.

단기간에 승부를 내겠다는 조급증에서 벗어나서 보통 이상의 삶의 수준을 영위하겠다고 목표를 세우면 좀 더 느긋한 투자계획을 세울 수 있다.

미래를 대비하기 위한 투자를 늘린다고 하더라도 장기적으로 준비한다면 지금 현재 삶의 질도 크게 떨어뜨리지 않을 수 있다. 월급을 받아 부모님께 용돈 드리고, 때때로 맛있는 것을 사먹으면서도 꾸준히 노력하면 얼마든지 돈을 모을 수 있다.

22
내 가족의 생각이 중요하다

칼 포퍼는 인간의 미래를 예측하고 바람직한 사회를 설계하려 했던 사람들을 비판하면서 "반증의 가능성을 항상 열어둬야 한다."고 말했다. 아무리 정교해 보이는 이론도 단 하나의 반증만으로 무너질 수 있다는 것이다. 인간의 이성은 한계가 있고, 자신의 판단이 틀릴 가능성은 누구에게나 존재한다.

하지만 사람들은 스스로 자신의 사고방식이나 관점에 사로잡히는 오류를 범할 때가 많다. 자신의 생각이 맞다 하더라도 현실에서는 실패하거나 손해 보는 경우도 많다. 자신의 생각이 남들보다 한발 앞서면 성공하지만 두세 걸음 앞서가거나 방향을 잘못잡으면 실패할 가능성이 높다. 자신이 갖고 있는 생각이 항상 남들보다 적절하게 앞서간다고 생각하는 것은 자만이다.

대체적으로 이 세상 사람들의 절반 이상이 갖고 있는 생각과 자신의 생각이 크게 다르지 않다면 보통 정도의 성과는 낼 수 있다. 그러나 자신의 생각이 남들의 동의를 얻기 어려울 정도로 독특하다면 실패할 가능성도 매우 크다. 사업구상이든, 부동산 투자든, 주식 매입이든 관계없이 어떤 아이디어가 떠오르면 주변 사람들에게 자신의 생각을 검증받아 객관성을 확보하는 것이 좋다.

특히 가족들과는 모든 것을 터놓고 애기해야 한다. 가족 모두가 "설득력이 있다."고 동의한다면 괜찮은 것이다. 가족과 상의하면 성공했을 때의 기쁨을 함께 누릴 수 있을 뿐만 아니라 실패했을 때의 고통도 분담할 수 있다. 가족 모르게 사업이나 투자를 하는 것은 매우 위험하다. 사업이나 투자에 실패하고 가족으로부터 버림받은 사람들은 대부분 혼자서 독불장군처럼 행동했기 때문이다. 가족 모두가 동의하지 않는 사업과 투자는 하지 않는 것이 좋다. 인간은 가장 암울한 상황에서 가족으로 돌아가는 모습을 보인다고 한다. "삶은, 무엇을 손에 쥐고 있는가의 문제가 아니라 누가 곁에 있는가의 문제다."라는 말도 있다.

가족은 세상을 변혁시킬 모든 힘의 원천이다. 가족의 반대에도 불구하고 자신의 생각을 밀어붙여야겠다면 다시 한 번 심사숙고한 뒤 결정하라.

사업이나 투자에 실패할 가능성뿐만 아니라 가족으로부터 버림받을 수 있다는 가능성을 아는 것 자체가 큰 도움이 될 수 있다.

23
가상의 자녀를 만들어라

우리나라의 출산율이 세계 최저수준으로 낮아졌다. 한 명의 가임여성이 낳는 아이의 수가 평균 1.1명에도 못 미친다고 한다. 우리나라 가정의 보편적인 형태가 부부와 아이 한 명으로 바뀌어가고 있다.

가족 구성원수가 줄어들면 한 사람이 누릴 수 있는 평균적인 생활수준은 더 높아져야 한다. 그런데 현실은 그렇지 못하다. 자녀수는 줄었지만 더 많은 사교육비와 양육비를 지출하기 때문에 예전보다 더 궁핍해졌다. 아이가 많은 사람들을 보면서 "저 집은 부자인가 보다."라고 말하는 사람들이 늘어나는 것을 보면 자녀에게 들어가는 돈이 만만치 않다는 것을 새삼 느끼게 된다.

한국보건사회연구원의 연구결과에 따르면 자녀 한 명을 대학

까지 졸업시키는 데 들어가는 교육비와 양육비는 모두 2억 1,905
만 원이다. 연령대별로 보면 자녀가 영아0~2세일 때 들어가는 돈
은 2,156만 2,000원, 유아3~5세 2,540만 2,000원, 초등학생6~11세
5,429만 6,000원, 중학생12~14세 2,996만 6,000원, 고등학생15~17세
3,441만 1,000원, 대학생18세 5,344만 9,000원이라고 한다. 연령
대별로 들어가는 돈이 들쭉날쭉 다르지만 한 해 평균 1,000만 원
정도를 쓴다고 보면 될 것 같다.

　아무래도 자녀수가 적을수록 자녀에게 더 많은 돈을 쓰게 된
다. 여유가 있는 가정에서는 수십만 원짜리 은제 딸랑이와 수입
아동복, 고가의 인형 등을 사주는 데 막대한 돈을 퍼붓는 경우도
적지 않다. 이것이 문제다. 자녀수가 적으면 더 많은 돈을 저축해
야 하는데 우리의 현실은 그렇지 못하다. 자신의 약점을 자녀에
게 대물림하지 않기 위해 과할 정도로 자녀에게 돈을 쓴다.

　한두 명의 자녀에게 많은 돈을 쓰기보다는 한 명의 '가상 자녀'
를 만들어놓고 양육 및 교육비로 들어갈 돈을 따로 저축하는 것은
어떨까? 지금보다 생활이 더 빠듯해질 수는 있겠지만 덜 중요한
지출을 줄이면 큰 어려움 없이 가상의 자녀를 키우면서 생계를 꾸
려갈 수 있을 것이다. 만약 자녀 한 명이 더 있다면 지금 자녀에
게 쓰고 있는 사교육비를 줄이게 되고, 물건을 사들이는 데도 좀

더 신중하게 행동할 것이다. 이런 방식으로 자녀 한 명을 더 키울 돈을 확보하자.

이 돈을 20년간 저축하면 어떻게 될까? 소황제^{小皇帝}로 키우고 있는 지금의 아이에게 들어가는 돈이야 당연히 줄어들겠지만 가상의 자녀인 '통장'에는 아마도 상당한 돈이 모일 것이다. 보건사회연구원의 조사결과를 보면 우리나라에서 자녀에게 쓰는 돈은 한 달 평균 80만 원을 약간 웃돈다. 이 돈을 적금통장이나 개인연금, 국내외 주식펀드 등에 20년간 꼬박꼬박 넣어보자.

우리나라 60대 노인의 평균 연간소득은 40대 중년층의 60% 정도라고 한다. 다른 사람의 도움이 절실히 필요해진 이 때, 당신이 만든 가상의 자녀는 어느 자식 못지않게 효도할 것이다.

24
인적자본을 물려줘라

미국 교육 사이트 중 가장 인기가 있는 곳은 중고생들에게 사업을 가르치는 곳이라고 한다. 창업 교육이나 재테크 교육 등 살아 있는 경제 교육이 우리에게도 필요하다. 창의적인 인재가 충분한 사업 교육까지 받으면 부자가 될 가능성은 매우 높아진다.

자녀에게 물려줘야 할 것은 돈이 아니라 살아가는 데 필요한 인적자본을 갖추도록 하는 것이다. 대입 수능시험 과외로는 다음 세대가 요구하는 인적자본을 절대 형성할 수가 없다. 우리나라에서 대학입시 관련 사교육이란 기껏해야 좋은 대학 보내서 월급을 조금 더 많이 받도록 하는 교육이다. 월급 많이 주는 직장을 다닌다고 해서 부자가 되지는 않는다. 부자가 되는 데 필요한 교육은 창의성과 희소성이다.

기업에서 해고되더라도 그 자신이 살아 있는 한, 영원히 유지할 수 있는 경쟁력 있는 인적자본을 갖추는 것이 좋다. 희소한 가치는 그 능력을 더욱 돋보이게 한다.

우리나라의 학교교육으로는 창조적인 인재를 만들기 어렵다. 정해진 규율과 집단의식에 따르도록 강제할 뿐이다. 약간 비하해서 말하자면, 훌륭한 종(남의 생각이나 명령에 따라 움직이는 사람)을 키우자는 열망만 있을 뿐이다. 엄청난 사교육비가 들어가는 것도 대부분 좀더 좋은 피고용인이 되기 위한 것들에 불과하다.

자녀의 학교 성적에 연연하거나 생활기록부에 연연하지 마라. 신경쓰지 말라는 얘기가 아니다. 평범한 사람으로 키우는 데는 공부 잘하는 것이 도움이 되겠지만, 부자로 키우는 것과는 직접적인 관계가 없다. 오히려 방해가 되는 경우도 더 많다.

25
돈? 국·영·수 중심으로

필자가 '한국경제신문 경제교육연구소'에서 일할 때 고교생을 위한 경제교육신문 〈생글생글 Young 한국경제신문〉이 창간된 이후 두 달 정도 지난 무렵이었다. 투자의 대가들을 한 명씩 소개하는 'Money Master'라는 고정 지면이 있었는데, 외국의 저명한 투자 대가들을 어느 정도 소화하고 나니 한국의 투자대가들도 소개하고 싶어졌다. 이곳저곳에 수소문하고 회사 내 증권부 기자들에게도 물어봤다. 불행히도 적절한 인물을 찾기가 어려웠다. 투자자로 성공했을 뿐만 아니라 그 기간이 의미 있을 정도로 긴 사람을 찾기가 어려웠다.

몇몇 사람들을 소개받기는 했으나 나름의 확고한 투자 철학을 갖고 있는 사람이 마땅히 없었다. 상당히 오랜 기간 동안 성공한

국내 투자자들이 내세우는 투자 법칙들은 대부분 미국 등 선진국의 투자 대가들이 전수한 노하우들이었다. 필자는 결국 한국의 'Money Master'를 찾는 일은 포기했다. 그 당시 잘나가는 다섯 명의 국내 투자가들을 한꺼번에 소개하는 수준에서 타협하고 말았다.

필자는 경제기자로서 16년을 보냈으나 아직까지 자신만의 독특한 색깔을 갖고 반복적으로 투자에 성공한 대가를 국내에서 보지 못했다. 증권으로 많은 돈을 벌고 상장회사까지 차린 사람들을 꽤 봤지만 보통사람들도 배울 만한 그들만의 노하우를 갖고 있다는 생각이 들지 않았다.

언젠가는 우리나라에서도 투자의 대가로 불릴 만한 사람들이 나올 것이다. 적어도 그 때까지는 검증과정을 거친 외국 투자 대가들의 기법을 적극적으로 배울 필요가 있다. 시대상황이 다르고 시장의 여건이 다르지만 그들로부터 배울 것은 분명히 있다.

"투자대가들로부터 배우라."는 얘기는 수없이 들어봤을 터이니 이런 고리타분한 얘기 말고 뭔가 좀더 신선하고 자극적인 얘기를 원할 것이다. 필자도 그런 독자들의 염원을 잘 알고 있다. 하지만 어쩌랴, 부자가 되는 단순하고 쉬운 방법은 없는 것을······.

아주 오래 전 들었던 농담 중에 아직까지도 기억나는 얘기가 하나 있다. 대입 시험을 앞둔 수험생이 성적이 오르지 않아 고민 끝에 역술가들을 찾아다녔다고 한다. 주문을 외우고, 부적을 붙이고, 푸닥거리를 해도 점수는 오르지 않았다. 그러던 어느 날, 아주 유명한 역술가를 찾아가 진지하게 점수를 올릴 수 있는 방법을 알려 달라고 부탁했다. 역술가는 고민하더니 쪽지에 몇 자를 써주더라는 것이다. 집에 돌아와 쪽지를 펴보니 "국·영·수 중심으로 공부해."라고 씌어 있었다고 한다. 부자 되는 법도 이와 다를 게 없다.

26
연령대별 돈 벌기

20대, 죽도록 벌고

30대, 뼈 빠지게 벌고

40대, 끝까지 버티며 벌고

50대, 벌 수 있는 모든 것을 벌고

60대, 남의 눈치 보지 말고 벌고

70대, 힘이 닿는 대로 벌어라.

단, 언제든 여가 시간 갖고 재미있게 사는 것을 잊지 마라.

27
소비거부증은 사회악

재테크 전문가로 불리는 사람들 중 상당수는 "승용차 같은 것을 사들이는 데 돈쓰지 말고 투자하는 데 돈을 쓰라."고 말한다. 소비지출이 아니라 투자지출을 해야 부자가 될 수 있다는 얘기다. 언뜻 보면 그럴듯한 얘기다. 하지만 좀더 넓은 시각에서 보면 금과옥조로 여길 만한 원칙은 아니다.

낭비를 줄이고 저축을 늘려야 한다는 얘기는 맞다. 하지만 인생을 살아가면서 써야 할 돈은 있다. 돈은 쓰기 위해 버는 것이 아닌가. 승용차도 마찬가지다. 승용차를 구입하는 데 들어간 1,500만 원을 다른 곳에 투자하면 10년 뒤에는 더 많은 돈을 갖게 되겠지만, 그 때는 이 세상 사람이 아니거나 무엇인가 즐기기에는 너무 늦었을 수도 있다. 값비싼 승용차를 사는 대신, 값싼 승용차를 사서 절약한 할부금으로 적립식 펀드나 적금에 가입하면 돈을 모을 수 있다는 식의 얘기도 말장난이다. 비싼 승용차일수록 상대적으로 안전하고 편안하다. 아무런 사고 없이 안전하게 운전한 경우, 자동차 안전품질의 차이는 크지 않지만 사고가 나면 얘기가 달라진다.

값비싼 승용차에서 얻는 무형의 이익도 무시할 수 없다. 달리는 광고판으로 불리는 승용차는 사람의 이미지에 상당한 영향을 준다. 좋은 브랜드를 선호하는 것과 마찬가지로 좋은 자동차도 비슷한 효과가 있다. 이처럼 무형의 이득을 완전히 무시하고 '값싼 자동차를 사서 돈을 남겨 저축하라'는 식으로 권하는 것은 세상살이를 모르고 하는 말이다. 그런 식으로 접근하면 매년 가격이 떨어지는 컴퓨터는 영원히 살 수 없고, LCD TV도 살 수 없다. "앞으로 가격이 떨어질 것이므로 구입 시기를 좀더 미루어 남긴 돈으로 저축하라."는 식으로 조언하는 사람은 눈에 보이는 저축만 중요하게 생각하는 사람들이다.

장래를 대비하기 위해 극단적으로 절약을 선택하는 것은 일종의 소비거부증이다. 이것은 사회적으로 봤을 때도 그리 바람직한 현상이 아니다. 소비가 꾸준히 이뤄져야 기업도 성장하고, 투자한 회사의 실적도 좋아진다. 돈이란 돌고 돌아야 불어나는 것이

다. 들어오는 족족 모아두기만 한다면 세상 자체가 제대로 굴러가지 못한다. 이런 세상에서는 자기 자신을 포함한 어느 누구도 부자가 될 수 없다.

승용차와 같은 고가품이 필요한데 형편이 된다면, 필요에 맞춰 사면 된다. 3천만 원짜리 승용차가 필요하고 살 수 있는 여력이 있다면 즐거운 마음으로 사라. 비싼 승용차로 인해 더 많은 돈을 벌 수 있는 기회를 얻을 수도 있다.

값싼 물건만 사거나 아예 구매하지 않으면서 절약한다고 부자가 되는 것은 아니다. 돈을 헛되이 쓰는 것과 필요한 곳에 돈을 쓰는 것은 완전히 다른 얘기다. 자신의 상황이나 능력에 맞춰 가장 적절한 물건을 고르면 된다. 저축을 늘려서 돈을 모으는 것 못지않게, 필요한 제품을 제값 주고 사는 것도 즐거운 일이다.

28

나와 궁합이 맞는 부자의 길을 찾아라

다음 주 로또 당첨번호를 미리 알아낼 수 있다면 그 사람은 엄청난 돈을 벌 것이다. 하지만 그 방법이 세상에 알려진다면 수많은 사람들이 그 번호를 써낼 것이기 때문에 모두가 1등 당첨자가 되고, 그 결과 로또를 구입한 비용조차 건지지 못할 것이다.

부자가 되는 방법 중에서 쉽고 간단한 것들은 이미 세상에 알려졌기 때문에 돈 버는 방법이 되지 못한다. 따라서 부자가 될 수 있는 진정한 방법이란 알아내기가 매우 어렵고, 실천하기는 더더욱 어렵고, 그것을 정형화시켜 일반인들에게 제시하려다보면 현실적으로 불가능한 것들만 남게 된다. 부자가 되는 길은 아직도 열려 있지만 그 길이 희미해서 잘 보이지 않는다.

부자가 되는 방법을 찾아내려면 어떻게 해야 할까? 먼저 큰 부자로 성공한 사람이 어떻게 해서 돈을 벌었는지 연구해야 한다. 표피적인 성공스토리를 따라가는 것이 아니라 그 사람으로부터 부자가 되는 방법이라고 생각되는 것들을 찾아내 그것이 어느 정도로 보편타당한 것인지 스스로 검증해야 한다. 어떤 방법을 되풀이해 실행한 결과, 비슷한 성과를 여러 차례 얻어냈다면 믿을 만하다고 봐야 한다. 신약을 검증하는 기법이 바로 이런 식이다. 특정한 약을 여러 명의 환자에게 처방했더니 병이 나았다면 그 약은 쓸 만하다. 마찬가지로 특정한 부자의 기법을 채용해 수십 번 시도해본 결과, 좋은 성과를 냈다면 분명히 쓸모가 있는 '부자 되는 법'이다.

하지만 사회는 실험실이 아니다. 의미 있는 결과를 도출해낼 수 있을 정도로 많은 시도를 하려면 비용과 시간 문제가 생긴다. 이런 한계를 극복할 수 있는 좋은 방법이 있다. 투자의 대가로 불릴 만한 부자가 애용했던 비법들이 지난 수십 년 동안 어떤 성과를 냈는지를 살펴보는 것이다.

월가의 영웅으로 불리는 미국의 펀드매니저 피터 린치는 1977년부터 1990년까지 연평균 29%의 경이적인 수익을 냈다. 한 해 수익률 30% 가까이 내는 것도 어려운 마당에, 13년간 평균 29%의 수익을 냈다면 그는 특별한 비법을 갖고 있는 것이 분명해 보

인다. 그는 여러 저서에서 자신의 비법을 공개했다. 단순한 이름, 무미건조한 사업, 흔해빠진 업종, 투자자들이 관심을 기울이지 않거나 외면하는 업종, 성장률이 낮은 업종, 사람들이 쉽게 접하는 상품을 생산하는 업종 가운데 실적이 좋은 기업들을 골라 투자했다고 한다. 이밖에 그는 구조조정주, 성장주, 안정주 등으로 주식을 구분한 뒤 기본기가 충실한 기업의 주식에 투자하는 등 다양한 기법을 동원했다.

존 템플턴은 어떤가. 그가 만든 '템플턴 그로스펀드'는 1954년 설립된 이후 45년간 연평균 15.2%라는 수익을 거뒀다. 반 세기에 가까운 세월 동안 이 정도의 수익을 냈다면 투자의 신神으로 불릴 만하다. 그는 침체기에 우량한 주식들을 값싸게 사 모았고 글로벌마켓에 일찌감치 눈을 떠, 1960년대부터 일본기업 주식을 매집했다.

국제금융시장의 악동, 국제 환투기꾼으로 불리는 조지 소로스는 어땠나. 그는 시장이 비합리적으로 움직인다고 굳게 믿었고 이를 실행에 옮겼다. 소로스에 따르면 "금융시장은 비합리적이기 때문에 한 쪽으로 치우칠 때가 생기는데, 그 순간을 포착해 사정없이 달려들어 돈을 뜯어가면 된다."는 것이다. 그 상대가 영국의 중앙은행이라 해도 소로스는 겁을 먹지 않았다.

그래서, 소로스는 시장을 뒤흔드는 거대한 작전으로 '지지 않는 제국'으로 불렸던 영국마저 금융위기에 빠뜨렸다. 소로스는 1973년에 만든 '소로스펀드지금의 퀀텀펀드'로 떼돈을 벌었다. 그의 '반사이론The Theory of Reflexivity'은 뭔가 남다른 효능을 갖고 있다고 봐야 한다.

유럽 최고의 투자자로 불리는 앙드레 코스톨라니의 '달걀 이론'을 포함한 투자 철학도 상당히 가치가 있는 보물이다. 그가 50년 이상 유럽의 주식시장을 주무른 것만 봐도 그의 투자기법은 배울 것이 많다.

자신과 궁합이 맞는 투자의 대가를 찾아내 그의 기법을 연구하는 것이 시중의 잡스러운 재테크 책을 읽는 것보다 훨씬 낫다.

29
저축은 당장 시작하라

은행에 있는 돈을 부동산이나 주식으로 바꾸는 것과, 인간의
원초적 욕구인 소비를 절제하며 저축하는 것에는 비교할 수 없는
차이가 있다. 투자는 머리로 하는 것이지만 저축은 몸으로 한다.

"저축해서 언제 집을 사겠느냐."고 사람들은 투덜댄다.

그렇다. 저축은 거북이다. 집은 토끼처럼 뛴다.

하지만 토끼는 계속 뛰지 않는다. 곯아떨어지는 시간이 더 많다.

쉬지 않고 속도를 늦추지 않는 거북이에게 결국 토끼는 잡힌다.

저축을 하지 않았다면 지금부터 당장 저축을 시작하라.

당장,

당장,

당장,

이 책을 놓고 은행으로 간다면 당신이나 나나 일단은 성공한 것이다.

30

소비습관 속에 돈 새는 구멍을 찾아라

소비생활을 억누르지 않으면서도 지출을 줄일 수 있는 방법은 있다. 어느 가정이나 돈 새는 구멍이 있기 때문이다. 먼저, 유흥비 지출과 충동구매를 하지 않으면서 하루종일 꽂혀 있는 전기플러그 등 개인소비와 관련된 습관을 꼼꼼이 살펴보면 된다.

수입이 적어 어쩔 수 없이 빚을 내야 하는 가정도 있겠지만, 일부 가정에서는 잘못된 소비습관으로 돈을 모으지 못한다. 직장인들 중 상당수는 체면 때문에 한 달에 한두 번씩 부하직원들과 유흥주점에서 거나하게 술을 먹는다. 술을 한 번 진탕 마시고 나면, 집에 갖다 줄 돈이 눈에 띌 정도로 확 줄어든다. 홈쇼핑과 인터넷 쇼핑의 충동구매는 일부 여성들에게 나타나는 새로운 병폐다. 전화나 인터넷으로 주문하고 카드로 결제하다 보면 실제로 돈이 얼마나 빠져나가고 있는지 체감하지 못한다.

유흥비 지출이나 충동구매는 쉽게 고칠 수 없는, 중독성 있는 아주 나쁜 습관이다. 나쁜 습관은 개선하는 과정에서 다소 스트레스를 받더라도 확실하게 고쳐야 한다. 고쳐서 얻게되는 절약 효과는 상당히 커서 가계 수지를 획기적으로 개선할 수 있다.

이자율이 매우 낮거나 아예 이자를 주지 않는 통장에 여윳돈이나 비상금을 넣어두는 것은 불필요한 낭비다. 5백만 원을 무이자 급여이체 통장에 넣어두는 것과 연 4%의 이자를 지급하는 통장에 넣어두는 것을 비교하면 연간 20만 원의 차이가 난다. 돈의 액수가 많지 않더라도 이자율이 높은 곳에 돈을 맡기는 습관을 가져야 한다. 물론 이자율만 생각해서 위험하게 자금을 운용해서는 안 되겠지만 수익률은 항상 따져봐야 한다. 그 차이는 결코 작은 게 아니다. 이런 유형의 절약은 정상적인 소비활동에 아무런 영향도 미치지 않는다.

내지 않아도 될 세금을 더 내는 것도 불필요한 지출이다. 신용카드와 현금영수증 제도를 잘 활용하고 소득공제를 받을 수 있는 지출영수증을 모아두면 세금을 상당히 아낄 수 있다. 예컨대, 이사비용과 결혼비용, 장례비용 등은 각각 1백만 원까지 소득공제를 받을 수 있다. 본인이 대학이나 대학원에 다니는 경우라면 전

액 교육비 소득공제 혜택을 받을 수 있다. 이 밖에 세금우대저축과 비과세투자신탁 등 각종 비과세 감면 혜택을 적절히 활용하면 세금을 상당히 줄일 수 있다. 또, 자동차세 1년 분을 한꺼번에 내면 10%의 할인을 받을 수 있다.

사용 금액이 늘어날수록 혜택이 늘어나는 각종 마일리지를 잘 활용하는 것도 돈을 아낄 수 있는 한 방법이다. 이 밖에도 지출을 줄일 수 있는 방법들이 많다. 불필요한 휴대폰 사용을 자제하거나 우편으로 오는 요금청구서 등을 e메일 고지서로 바꾸는 것도 비용을 조금씩 줄이는 한 방법이다.

견고한 독을 가지고 있다면 언젠가는 물이 고이게 된다. 바가지가 덜 깨질수록 유리하다.

31
한국인의 새나가는 돈, 그 주범은
사교육비

부유층이 사는 일부 지역에서는 자녀가 유치원에 들어갈 무렵부터, 심지어는 생후 6개월부터 부모들이 사교육비 스트레스를받는다. 보다 좋은 교육을 시켜주고 싶은 욕망에 비례해서 돈에대한 절박함이 커지기 때문이다. 자녀가 커서 중학생, 고등학생이 될수록 '사교육을 조금이라도 더 시켜야 한다'는 압박을 받는다. 사교육비 문제는 부모라면 누구나 고민하는 숙제다. 자녀에게 '보다 좋은 교육기회를 제공해야 한다'는 강박관념까지 겹치면서 가계를 정상적으로 유지하기조차 힘들 정도로 많은 돈을 사교육비로 쓰는 사람들도 많다.

학교에서 배우지 못한 것들을 학원에서 배운다든가, 학교 수업에서 뒤처지는 부분을 채워주는 보충학습을 한다든가, 입학시험을 앞두고 집중적으로 과외시킬 필요가 있다든가 하는 등등의 일로 인해 사교육비는 어느 정도 들어갈 수밖에 없다. 이런 사교육비는 자녀가 성장하는 과정에서 어쩔 수 없이 지출해야 하는 고정비로 볼 수 있다. 교육비는 매달 부담해야 하는 것뿐만 아니라, 한꺼번에 목돈이 들어가는 경우도 있다. 일시적으로 돈을 많이 쓰는 것은 큰 문제가 아니다. 살다 보면 지출이 수입보다 많을 때도 있다.

자녀교육으로 돈을 꼭 써야 한다면, 부담갖지 말고 즐거운 마음으로 쓰는 것이 좋다. 부채가 늘어난다고 하더라도 꼭 시키고 싶은 교육은 시켜야 한다. 적자 가계부를 꾸리는 것이 반드시 나쁜 것은 아니다. 그러나 장기적으로 적자여서는 안 된다. 가계 지출이 수입보다 지속적으로 많아서는 안 된다. 장기적으로는 흑자 가계를 유지해야 한다. 이를 위해서는 고정비인 자녀 사교육비를 좀더 계획적으로 지출해야 한다. 무조건 과외를 시키거나 학습지 교육을 할 필요가 없다. 특히 초등학교 때는 교과서와 참고서로 스스로 공부하게 하자. 선행학습형 사교육만 그만둬도 상당한 돈을 모을 수 있다. 그 돈을 아껴뒀다가 나중에 정말 필요한 사교육에 쓰면 된다.

교육비 같은 고정비 지출에 지나치게 스트레스를 받지 말자. 평생 반복돼야 할 일이기 때문이다. 그러나 장래의 인구분포도를 생각하면 자녀교육에 모든 것을 거는 시스템은 오히려 자녀에게 짐이 될 수도 있다.

우리 다음 세대의 아이들은 40~50년 동안 노인이 된 부모를 모셔야 할지도 모른다. 인간의 평균수명이 점점 늘고 있기 때문이다. 자녀교육에 돈을 쓰느라 노후대책을 세우지 못했다고 하더라도 나중에 돈 없는 부모는 자식에게 버거운 짐이 될 수 있다. 노인은 많고 젊은 노동력은 줄고 있기 때문이다. 자식들에게 나중에 부담주지 않으려면 장기적인 계획 하에 짜임새 있는 교육비 투자가 이루어져야 한다.

32
나이 들수록 안정적인 재무구조를 확보하라

한국 사람의 특성 중 하나가 '화끈하다'는 것이다. 월급으로 2 백만 원을 버는 샐러리맨이 부하직원들을 위해 '쏜다'며 1백만 원 이상을 신용카드로 긁기도 한다. 투자도 마찬가지다. 상당수의 사람들이 '몰빵투자'를 한다. 증권사로부터 신용빚을 얻어서 주식을 사고, 심지어는 3일째 반대매매를 감수하면서 미수거래를 단행한다.

집도 마찬가지다. 전세 끼고 대출금 빌려서 집을 사는 것은 매우 위험한 일이다. 일정기간 이상 감당할 수 없는 부채로 자산을 매입하는 것은 절대로 권할 일이 아니다. 부동산 가격이 하방경직적이라고 하지만 가격이 전혀 내려가지 않는다는 얘기는 아니다. 집값이 급등한 직후 추격매수를 하면 더욱 불안하다. 집값이 내려가지 않고 몇 년간 정체되더라도 엄청난 타격을 입을 수 있다. 경기 흐름에 나의 운명을 맡겨놓은 것이나 다름없다.

'그래도 돈을 빌려 집을 사야겠다'면 어쩔 수 없다. 최악의 경우에도 대출한도 만큼은 약간의 여유를 두고 돈을 빌려야 한다. 집값이 생각만큼 오르지 않을 경우, 추가대출을 받아서라도 이자를 갚아야 할 처지가 될 수 있기 때문이다. 이것까지 무시하고 자기가 동원힐 수 있는 모든 자산과 부채를 활용해서 살 수 있는 최대 가격의 집을 산다면 성공할 확률은 매우 낮다.

인생은 공격하면서 살아야 할 때가 있고, 방어적으로 살아야 할 때가 있다. 당신이 20대 또는 30대라면 공격적으로 행동하는 것이 좋다. 몇 천만 원의 돈이 있다면 은행에서 최대한 돈을 빌리고, 전세를 껴안고라도 집을 사는 용기가 필요할 수 있다. 소수의 종목만 골라 매입하는 투자전략이 좋을 수도 있다.

40대나 50대라면 안정적인 재무구조를 중시해야 한다. 주식형 펀드를 채권형으로 옮겨가는 것도 좋은 방법이다.

공자는 마흔을 "불혹의 나이"라고 했다. '혹' 하지 않는 나이가 아니라, 절대 '혹' 해서는 안 되는 나이로 읽히는 것은 나만의 생각일까? 특히, 남자의 경우 40~50대를 지나면서 자신의 힘을 재확인하고 싶은 '혹'의 경지를 경험한다. 부탁컨대 불혹하시길.

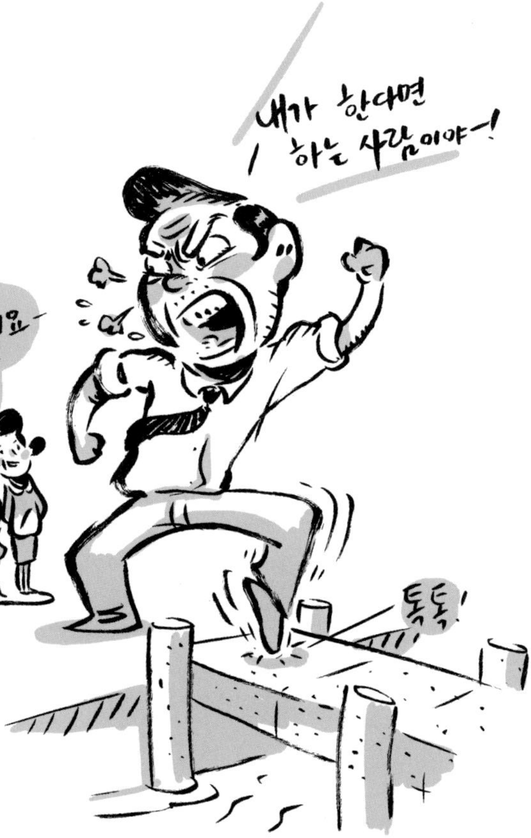
내가 한다면
하는 사람이야~!
믿어요~
톡톡!

33
모든 기회가 동등하게
주어지지는 않는다

자본주의 사회는 결코 평등하지 않다. 어떤 사람들은 많은 돈을 갖고, 어떤 사람들은 생활비가 없어 쩔쩔매며 살아간다. 그래서인지 많은 사람들이 기회만큼은 동등하게 주어져야 한다고 말한다. 그것은 매우 바람직한 얘기지만 기회의 평등조차 우리 사회에서는 환상일 뿐이다. 이뤄질 수 없는 소박한 꿈이다.

모든 아이들이 동일한 출발선에 설 수 있는가? 불행하게도 그렇지 않다. 신발이 다르고, 입고 있는 옷이 다르고, 배운 것이 다르다. 선천적인 체형이나 체질이 다르고, 후천적인 몸의 영양 상태가 다르다. 개인별로 다를 수밖에 없는 것들을 모두 조정해서 동일선상에 세우는 것은 원천적으로 불가능하다. 출발선을 조정하는 과정에서 또 다른 유형의 불평등이 반드시 생겨나게 된다. 동등한 기회를 바라는 것은 우리 시대의 이데올로기요, 환상이다.

대부분의 부모들이 먹을 거 덜 먹고, 입을 거 덜 입는 것은 자식들에게 좀 더 나은 출발의 기회를 주기 위해서다. 아이들이 안전하게 자라고 좋은 친구들과 사귀면서 재미있게 공부할 수 있는 학군을 찾는 것도 인간의 자연스러운 행동이다. 맹모삼천지교孟母三遷之敎는 모든 사회에 공통되는 얘기다. 우리나라뿐만 아니라 미국에서도 학군이 좋은 지역의 집값은 매우 비싸다.

조금이라도 더 나은 기회를 자녀에게 줄 수 있는 유인책이 주어지지 않는다면 사람들은 열심히 일하지 않을 것이다. 부자가 되려는 이유 중 하나는, 자녀에게 보다 나은 기회를 주기 위해서인 것도 분명한 사실이다.

가난한 사람들을 위해 우리 사회가 진정으로 해야 할 일은 '최소한의 기회'를 모든 사람에게 제공하는 것이다. 가난한 아이들에게도 충분한 영양 상태를 유지하면서 공부할 수 있는 기회가 주어져야 한다. 사회발전은 우리 사회가 사회적 약자들에게 제시하는 최소한의 기회를 계속 상향조정해 나가는 일이다.

큰 부자든 작은 부자든, 인생의 마무리 행로에서 자선활동을 택하는 이유는 바로 여기에 있을 것이다.

34
남과 비교하지 마라,
비교하려면 제대로 하라

  사람들은 스스로 만족해하다가도 다른 사람의 얘기를 듣는 순간, 갑자기 불행해지는 경우가 많다. 내가 산 집값이 1년에 20%나 올라 무척 행복했는데, 어느 날 직장 동료가 30%의 이익을 남겼다는 얘기를 들으면 행복은 순식간에 한탄이 되고 만다.

  사람들은 비교를 당하는 순간, 불쾌해지고 불행을 느낀다. "내 친구 남편은……"이나 "내 친구 마누라는……"으로 시작되는 비교 화법을 구사했다가 홍역을 치른 사람이 어디 한둘인가. 아들과 딸들도 다른 집 자녀들과 비교되는 것을 극도로 싫어하지 않는가.

  성과를 비교하는 것은 쓸데없는 시간 낭비요, 에너지 낭비일 뿐이다. 우리가 생활하면서 지켜야 할 수칙 가운데 첫째는 아마도 "남들과 비교하지 마라."가 돼야 할 것이다. 앞서 든 사례를

다시 살펴보자.

첫째, 실질 투자금액이 다를 수 있다. 내가 1억 원에 전세금 1억 원을 끼고 2억 원짜리 신축아파트를 샀는데, 이 아파트가 나중에 20% 올라 2억 4천만 원이 됐다고 가정하자. 순수 투자금 1억 원과 비교하면 수익률은 40%(4천만 원)이다. 반면, 친구는 2억 원짜리 재건축 아파트를 샀는데, 전세금이 5천만 원으로 낮았기 때문에 실제로 들어간 돈은 1억 5천만 원이었다. 집값이 30% 올라 6천만 원의 이익을 남겼지만 투자금 1억 5천만 원과 비교하면 수익률은 역시 40%다. 이처럼 실질 투자금을 비교하면 두 사람의 수익률이 같거나 비슷한 경우가 많다.

둘째, 나와 비교하는 다른 사람의 성적은 수많은 것들 중에서 최고의 것일 가능성이 크다. 사람들은 대부분 자신의 실패를 얘기하지 않는다.

셋째, 비교는 언제나 특정 시점에서 이뤄지는 것이므로 그 결과가 가변적이다. 앞으로 1년 뒤의 성과는 언제든지 뒤바뀔 수 있다.

넷째, 비교를 하지 말아야 하는 이유로 가장 중요한 것이 있다. 쓸데없이 불행을 느끼지 말라는 것이다. 자신이 설정한 목표와 비교하는 것이 훨씬 좋다. 나의 성과를 남들과 비교해서 좌절할 이유는 한 가지도 없다.

35
시장은 지저분하다

절대로 잊어서는 안 될 것이 있다. 시장은 결코 깨끗한 곳이 아니다. 법 없이도 살 수 있고, 투명하고, 신뢰할 수 있는 그런 곳이 아니다. 담합과 협잡을 통해 가격조작이 이뤄지고 한쪽으로 쏠리는 우매한 일들이 수없이 나타나는 곳이 시장이다. 국내 시장이나 해외시장이나 마찬가지다.

일부 대주주와 전주錢主들은 기회만 오면 주식 시세를 조작한다. 벤처붐이 불었던 1999년과 2000년을 생각해보라. 당시 최저가 대비 최고의 가격상승률을 보였던 주식은 '리타워텍'이라는 주식이었다. 34일 연속 상한가를 기록했고 20,000%의 상승률을 보이기도 했다. 그러나 이 회사는 외부 감사인으로부터 의견거절을 당해 코스닥시장에서 퇴출됐다. 한국디지털라인이라는 회사도

10,000%에 가까운 시세상승률을 보였으나 결국 퇴출됐다. 이들 회사의 주가는 정직하지 않았다.

부동산 시장도 크게 다를 것이 없다. 일부 아파트 부녀회는 집 값을 올리기 위해 인근 중개업소에 압력을 넣는다. 인터넷사이트 시세판에 게재되는 집값을 높이기 위해 여러 가지 수단들을 동원한다. 기획부동산 업자들은 전혀 쓸모없는 임야를 쪼개 명당 전원주택지라고 속여 판다. 이익이 나지 않는 상가를 잘 되는 것처럼 포장해서 퇴직금을 갈취하는 사기꾼들도 득실댄다. 멀쩡한 사람을 바보 만드는 곳이 바로 시장이다.

증권회사는 고객들에게 주식을 수시로 사고팔 것을 권하며 수수료 수입을 늘려간다. 정말 좋은 주식이라면 이미 상당수 사람들이 최근에 매입했을 테고, 그 과정을 통해 가격이 충분하게 오른 상태일 수도 있다. 하지만 이 고객에게는 매도를, 다른 고객에게는 매수를 권하는 일이 천연덕스럽게 이뤄지는 곳이 바로 시장이다.

시장에서 만나는 사람들은 당신 편이 아니다. 당신의 시각이 아니라 자기들의 이해관계에 따라 얘기할 뿐이다. 보험설계사는 "보험상품이 좋다."고 말하고, 은행직원은 "은행상품이 최고"라고 한다. 적립식 펀드를 팔기 위해 온갖 감언이설을 쏟아낸다. 그

들은 모두 자신을 위해 일하는 사람들이다. 하지만 당신은 때때로 이들이 당신을 위해 열심히 설명하고 있다고 착각한다.

시장을 쉽게 보지 말라. 시장참가자들을 무조건 믿어서도 안 된다. 스스로 최악의 경우를 대비하고 모든 변수들을 확인해야 한다. 시장에는 범죄를 감시하고 시장참가자들을 감독하는 사람들이 존재한다. 정해진 규칙에 따라 총을 뽑아드는 '정의의 총잡이'들만 활동하고 있는 것이 아니기 때문이다. 감시감독하는 정부가 있다고 하더라도 그대의 이익을 지키려는 사람은 그대뿐이라는 것을 잊지 마라.

36
매스컴이 경제제일주의를
부르짖는 이유

그들도 경제적 어려움에 봉착했기 때문이다.

37
시장은 투명하지 않다

　정부가 집단소송제 도입 등으로 시장을 투명하게 만드는 정책들을 쓴다고 해서 효과가 있을 거라고 믿는 것은 어리석은 일이다. 집단소송제를 도입하면 시장이 예전보다는 투명해질 것이다. 분식회계에 대한 집단소송을 당할 경우 기업이 망할 수 있기 때문에 회계장부를 좀더 정성껏 작성할 가능성이 크다. 수시로 일어나는 일들에 대해서도 전자공시 등을 통해 많은 사람들에게 알릴 것이다.

　문제는 결정적인 순간에 '기업들이 어떻게 나올 것인가'이다. 기업의 파산 여부를 알 수 있어야 하는 시점에 가서도 기업들은 장부를 투명하게 정리할까? 있는 그대로 공개하면 기업이 망하거나 경영자가 쫓겨날 수 있는데도 회계장부를 투명하게 작성할까? 부도 직전의 상황에 내몰린 기업주는 그런 사실을 공개하지 않을 것이다. 그 사실이 알려지는 순간, 기업은 부도나기 때문이다. 그래서 거의 모든 투자자들은 부도 공시가 난 뒤에야 그 사실을 알게 된다. 재무제표와 공시 등을 통해 기업이 언제 문을 닫을지, 또 어떤 결정적이고 중요한 사항이 진행되고 있는지 알아내는 것은 거의 불가능하다. 공개되는 각종 자료만으로는 기업의 건강상태를 정확하게 체크할 수 없다.

집단소송제가 도입되더라도 기업들은 보여주고 싶은 것들만 보여줄 것이다. 평상시에는 있는 그대로의 모습을 많이 보여주더라도 결정적인 순간에 가면 영업실적을 조작하고 상품재고를 조작할 것이다. 어려운 상황에 처한 기업주가 중요한 사항을 투명하게 공개할 것이라고 기대하는가? 정직하게 회계장부를 공개할 때 예상되는 피해가 분식회계를 했을 경우보다 적을 것이라고 확신하는 범위 내에서만 시장은 투명해질 뿐이다. 이것이 시장을 투명하게 만들려는 제도의 근본적인 한계다.

자본시장이 가장 발달했다는 미국에서도 엔론과 월드콤 분식회계 사건이 터졌다는 사실은 이 같은 한계를 여실히 보여준다. 내부자거래에 가장 엄격하고 집단소송제가 이미 도입된 미국에서도 회계장부만으로는 기업의 진짜 실상을 정확히 알 수 없다.

좋은 기업과 겉만 번지르르한 기업분식회계 기업을 구분하는 것은 회계전문가들도 해내기 어려운 작업이다. 앞으로도 회계장부를 적당히 꾸미려는 노력은 계속될 것이다.

38

돈 벌기 위해 나는 꼭
주식해야겠다는 분들을 위한 원칙

주식투자에 대해서는 너무나 많은 책들이 나와 있기 때문에 투자 원칙을 일일이 소개한다는 것은 시간낭비다. 그러나 투자의 대가들에게서 공통적으로 발견되는 몇몇 원칙에 대해서는 약간의 지면을 할애해 강조하고 싶다.

1. 재무제표는 그냥 보고 잊어라 저평가된 주식을 찾아내는 데는 재무제표를 유용하게 활용할 수 있다. 그러나 재무제표는 모두에게 공개된 자료라, 이것으로 남들이 모르는 어떤 정보를 얻을 수는 없다. PER주기수익률나 PBR주가자산배율과 같은 지표들은 재무제표를 제대로 읽을 줄 몰라도 쉽게 얻을 수 있는 정보들이다. 살아 움직이는 기업을 분석할 때는 재무제표가 그다지 위력을 발휘

하지 못한다. 고흐나 피카소가 자신만의 원칙으로 미술계의 거목이 됐듯이 주식투자를 하는 사람들도 재무제표를 보는 수준을 뛰어넘는 자신만의 원칙과 안목을 가져야 대가가 될 수 있다.

2. 본질적인 가치에 주목하라 주식시장에서 형성되는 가격은 주식을 갖고 있는 사람들이 다른 사람들에게 얼마에 팔았는지를 보여주는 지표일 뿐이다. 우리가 관심을 갖고 지켜봐야 할 것은, 주식가격이 아니라 기업의 내용이다. 좋은 주식을 고르는 것은 좋은 기업을 고르는 것이다. 시세그래프를 쳐다볼 게 아니라 그 기업이 내놓은 제품이 얼마나 팔리는지를 시장에서 확인해보고, 그 경영자는 무슨 생각을 하고 있는지 알아봐야 한다. 주식시세표가 아니라 세상을 쳐다보면서 주식투자를 해야 한다. 단기적인 가격변동에는 인내심을 가져야 좋은 주식투자자가 될 수 있다.

3. 몇 개의 계란을 한 바구니에 담아라 "계란을 한 바구니에 담지 말라."는 격언은 분산투자의 원리를 가장 쉽게 설명해주는 훌륭한 말이다. 그러나 관심을 쏟아야 할 기업들이 너무 많아지면 제대로 관리하지 못하는 폐단이 생긴다. 주가가 오를 수 있는 몇 개의 종목으로 압축해서 투자하고 장기간 보유하는 것이 좋다. 이

를 위해서는 열심히 연구하고 시장을 면밀히 관찰해야 한다. 그래
야 시장을 이길 수 있다.

4. 분산투자를 하려면 인덱스펀드를 활용하라 주식의 대가들
이 선정한 종목보다 원숭이가 다트를 던져 맞춘 종목의 수익률이
더 높을 수 있다. 주식시장이 가장 발달한 미국의 예를 보면 주식
시장의 평균수익률보다 높은 이익을 거둔 '주식형 펀드'는 지난
10년 동안 전체의 30%에 불과했다. 나머지 70%는 펀드매니저들
의 헌신적인 노력에도 불구하고 '스탠디드 앤 푸어스 500지수' 등
시장평균 수익률보다 못했다는 얘기다. 분산투자를 하고 싶으면
주가지수를 그대로 추종하는 '인덱스펀드'나 'ETFexchange traded
fund'에 가입하라.

5. 배당금을 좋아하지 마라 배당을 잘하는 기업이 반드시 좋
은 기업은 아니다. 배당은 회사 내부의 돈을 주주에게 돌려주는
것인데, 안 주머니에 있는 돈을 바깥 주머니로 옮겨놓는 것과 같
다. 회사 내부에 적립된 자금까지 꺼내서 주주들에게 돌려주는
것이 선택할 수 있는 최선의 결과라면, 그 기업은 더 이상 성장성
이 없다고 자백하는 것이나 마찬가지다. 신규투자를 하는 것보다

주주들에게 돈을 나눠주는 것이 이익인 경우 기업들은 배당을 많이 한다는 사실을 잊지 말자.

6. 유명 애널리스트를 과신하지 마라 몇몇 애널리스트^{Analyst}들이 연속적으로 시장을 정확하게 맞췄다고 해서 과신하지 마라. 애널리스트들이 많으면 확률적으로 봤을 때 연속해서 좋은 자료를 내는 분석가들이 나올 수밖에 없다. 애널리스트들이 발간하는 대부분의 보고서가 상승세를 점치는 내용으로 채워져 있다는 것에도 주의할 필요가 있다. 주가가 오른다는 전망은 가급적 믿지 말라. 애널리스트의 리포트를 읽을 때에는 시장을 어떻게 분석하고 어떤 논리를 적용했는지 관심 있게 지켜보라. 애널리스트의 보고서가 국가경제와 산업, 기업에 대한 장기적인 통찰력을 보여주는 자료라면 상당한 도움이 될 것이다.

7. 투자수익률 목표에 얽매이지 마라 '30%의 수익을 내면 처분하겠다'는 식의 투자목표를 정하지 마라. 좋은 주식을 사면 언젠가 돈을 벌어주겠지만 그것이 3년 후가 될 지, 10년 후가 될 지는 아무도 모른다. 투자수익률 보다는 주식을 살 때 목표로 했던 것이 달성됐는지 여부가 더 중요하다. 예컨대 특정한 주식이

다른 주식들에 비해 30% 저평가됐다고 판단해서 매입했는데, 주식시장이 상승기로 접어들어 모든 주식의 가격이 30% 오른 것이라면 그 주식을 팔 이유가 없다. 반면 시장이 급격히 나빠져 다른 주식들은 30% 하락했는데도 자신이 고른 종목은 주가가 전혀 하락하지 않았으면 팔아야 한다. 투자수익률은 0%이지만 자신이 목표로 했던 투자전략, 즉 저평가된 종목이 제대로 평가받을 때까지 보유한다는 전략은 실현됐기 때문이다.

8. 데이트레이딩은 하지 마라 컴퓨터 모니터에 서너 개의 화면을 띄워놓고 1초라도 빨리 주문을 넣어 돈을 벌겠다는 꿈은 버려라. 주식시장에서 데이트레이딩day-trading을 하는 초단기 투자자들은 엄밀히 말해 자신들을 위해 존재하는 사람들이 아니다. 대부분의 데이트레이더들은 수없는 거래를 통해 증권사의 기본 수입을 벌게 해주고 정부에 많은 거래세를 낼 뿐, 자신을 위해서는 이익을 남기지 못한다.

9. 즐겨라 무슨 일이든 잘 하려면 재미를 느껴야 한다. 주식투자는 우리 시대의 가장 흥미진진한 게임이다. 경마는 기껏해야 10마리 안팎의 말들이 뛰지만 주식시장에는 유가증권 시장과 코

스닥 시장을 합쳐 무려 1천5백여 마리의 말이 한꺼번에 뛴다. 한쪽 방향으로 정해놓고 뛰는 것도 아니라서 시장을 예측하기란 정말 어렵다. 주식시장은 수학의 세계도 아니고 과학의 세계도 아니다. 인간의 오묘한 심리까지 읽어내는 인간학까지 포함한 종합학문이다.

39
희귀종, 워렌 버핏

워렌 버핏은 주식투자만으로 빌 게이츠에 이어 세계 2위의 부자가 되는 전무후무한 역사를 만들어냈다. 게다가 그렇게 모은 재산의 대부분을 자선재단에 기부하기로 했다니 참으로 놀라운 일이다. 워렌 버핏은 너무나 훌륭하기 때문에 역설적으로 우리 사회에 끼친 해악도 적지 않다. "나도 워렌 버핏처럼 되겠다."며 주식시장에 뛰어든 사람들이 얼마나 많은가. 이들 중 얼마나 많은 사람들이 깡통을 차고 좌절했는가.

워렌 버핏은 워낙 희귀종이다. 그런 인물을 일반화시켜서는 곤란하다. 우리들이 지향하는 모델로 삼기에는 너무나 버거운 사람이다.

40
착각하면 안 된다

재테크에 재능이 있다고 생각하는 많은 사람들이 실제로는 별다른 재능이 없다. 기회가 찾아왔기 때문에 성공을 거둔 사람들이 주식투자에 탁월한 재능이 있다고 생각하는 것은 착각이다.

부동산 투자도 마찬가지다. 어느 부동산 관련서를 봤더니, 2000년에 전세를 끼고 서울 강남지역의 재건축 아파트를 4천만~5천만 원에 샀는데, 무려 20배 정도의 차익을 남겼다는 얘기가 있었다. 서울 잠실 등에서 이런 방식으로 돈을 번 사람들이 무척 많았다고 한다. 사실일 것이다. 그러나 그 같은 일이 다시 나타날 것이라고 믿고 부동산 투자로 부자가 되겠다고 생각하는 것은 문제다. 그 때는 외환위기 이후 서울 강남을 포함한 대부분 지역의 집값이 큰 폭으로 떨어졌을 때였다. 집값이 폭락했기 때문에 완공된

새 아파트조차 팔리지 않았던 때였다. 아파트를 짓겠다고 나서는 건설업자도 없었다. 허름하고 오래된 아파트를 재건축할 이유가 당시에는 전혀 없었다. 재건축 대상 아파트들이 오랜 기간 방치될 것이라고 많은 사람들이 생각했다.

경제위기로 폭락했던 시장이 급반등하는 상황에서는 강남 재건축 아파트뿐만 아니라 다른 자산들도 가격이 폭등했다. 외환위기 이후 증권주를 샀던 사람들은 엄청난 대박을 터뜨렸다. 당시 증권주 투자로 돈을 번 사람이 한두 명이 아니다. 그런 대박을 다시 터뜨릴 수 있을까? 2~3년 뒤에 그런 시장이 다시 나타날까? 그렇지 않을 것이다. 그것은 외환위기라는 특수한 사정 때문에 생긴 일이다. 수십 년 만에 한 번 올까말까 하는 기회였을 뿐이다.

그런 기회가 다시 온다고 해서 돈을 벌 수 있다고 장담하기도 어렵다. 사람들은 과거의 경험으로부터 많은 것을 배운다. 외환위기나 금융위기 등이 다시 찾아온다고 해서 증권주가 1천 원에도 못 미칠 만큼 폭락하지도 않을 것이다. 위기가 해소되면 주가는 다시 급등할 것으로 믿게 된 많은 사람들이 주가가 그 정도로 폭락하는 것을 방치하지는 않을 것이기 때문이다. 경험을 통해 많은 사실을 알게 됐기 때문에, 그 때와 같은 상황이 다시 되풀이되지는 않는다고 봐야 한다.

외환위기를 초단기간에 극복하면서 나타난 자산가격 급등 현상을 놓고 장난치는 사람들이 적지 않다. 증권주 폭등을 예고했다는 사람들이 왜 그렇게 많고, 강남 집값이 폭등할 것이라고 예고했다는 사람들이 왜 이렇게 많은가? 그런 사람들이 정말로 많았다면 1997년 말과 1998년에 자산가격이 그처럼 떨어진 이유는 무엇인가?

결과를 놓고 보면 미래를 맞추는 예언을 하지 않은 사람은 없다. 사람들은 살아가면서 무수히 많은 모순적인 말들을 한다. 지나간 뒤에는 기억하고 싶은 얘기만 기억한다. 실제로 외환위기 직후 수많은 전문가들은 "우리나라에 증권회사는 너무 많기 때문에 대부분 정리될 것"이라고 말했다. 주가가 1천 원 안팎에서 헤맸던 이유다. 그러나 금모으기 운동까지 벌이는 국민들의 열정으로 외환위기를 단기간에 극복할 수 있었고, 덕분에 증권회사를 포함한 수많은 기업들이 단기간에 회생할 수 있었다.

외환위기 이후 나타난 자산 가격 급등에 대해서는 이제 잊어라. 외환위기는 위장된 축복이었고 엄청난 매매차익을 남길 수 있는 기회를 제공했지만, 그런 기회가 자주 올 것이라고 믿어서는 안 된다.

41
자신이 잘 아는 몇몇 종목만 투자하라

미국 월가 최고의 펀드매니저였던 피터 린치는 자신이 잘 모르
는 기업에 대해서는 거들떠보지도 않았다. 그는 백화점을 돌아다
니며 사람들이 즐겨 찾는 상품을 발견하는 방식으로 기업을 골랐
다. 각종 재무제표와 공개된 자료를 통한 연구뿐만 아니라 사람
들의 반응을 직접 조사하며 투자종목을 골랐다.

가정주부들은 비누를 사거나 콩나물을 살 때도 세심하고 꼼꼼
하게 제품을 살핀다. 딸기를 살 때는 밑에 깔려 있는 딸기가 얼마
나 큰지, 얼마나 싱싱한지 확인하고 산다. 이런 경우 실패가 거의
없다.

주식투자도 자신이 잘 알고 있는 몇몇 종목에 대해 꼼꼼하게
따져가며 투자를 한다면 시장을 이길 가능성이 커진다.

딸기값보다 훨씬 많은 돈이 필요한 주식을 매입하면서 소문만 믿고 사서야 되겠는가?

42
부자의 엉덩이는 무겁다

주가급등이나 폭락이 비이성적이고 과도한 가격변동이라 할지라도 그런 추세가 당분간 계속된다면 이를 무시하기가 어렵다. "가격급등이 거품이라 하더라도 그 거품이 꺼지기 전까지는 즐겨라."는 얘기도 있지 않은가. 폭탄을 누군가에게 넘겨주고 빠져나올 자신이 있다면 그것이 폭탄 돌리기라고 한들 무엇이 문제가 되겠는가.

시장이 한쪽 방향으로 쏠릴 때는 모든 사람들이 그렇다고 믿을 때까지 쏠림 현상이 지속된다. 모든 사람들이 한쪽 방향으로 몰려 있어, 새롭게 그 대열에 합류할 바보들을 구하지 못하는 지경에 이르면 갑자기 방향을 바꾼다. 바로 그 순간부터 정반대로 물건을 팔려는 사람들이 쏟아져 나온다. 그래서 아무도 팔지 못한다.

수많은 사람들이 폭탄 돌리기에 뛰어들었기 때문에 극소수의 인내심 많은 사람들은 엄청난 재산을 모으는 기회를 갖게 된다. 투자자는 기다림을 통해 돈을 벌 수 있다는 의미를 이해한다면 시장에 맞설 수 있다. 거의 모든 사람들이 새파랗게 질려 주식을 매도할 때 주식을 살 수 있는 배짱이 있어야 하고, 수많은 사람들이 사기 위해 달려들 때 팔아치울 수 있는 용기가 있어야 한다.

시장의 흐름을 타는 것은 쉬운 일이다. 전날이나 당일 지표들이 보여주는 대로 따라가기만 하면 된다. 하지만 남들 꽁무니만 쫓다 보면 돈과의 거리는 더욱 멀어진다. 뒤따르는 것은 재미도 없다. 시장 곁에 바짝 붙어 있으면 작은 흐름만 보일 뿐, 대세를 놓치기 쉽다. 시장이 충분히 비합리적으로 움직였다고 판단될 때 움직이기 시작해도 늦지 않다.

43
10년에 한 번, 인생에 세 번 이상은 기회가 온다

이렇게 위안이 되는 말이 있을까! 인생을 살다 보면 적어도 세 번 이상의 기회는 온다고 한다. 그 기회를 잡아야 한다. 통상적으로 보면 10년에 한 번씩은 모두에게 새로운 기회가 찾아온다.

우리나라도 큰 변화의 시기가 여러 차례 있었다. 1950년대는 전쟁이라는 엄청난 격변이 있었고 이후 미국의 원조산업이 주도했다. 1960년대에는 경제개발로 시작된 신발, 의류 등 경공업이 급속히 발전했다. 1970년대는 중장비 화학공업과 무역, 1980년대는 3저호황低금리, 低달러, 低유가의 기회가 찾아왔다. 1990년대 외환 위기는 엄청난 고통과 함께 부가 재편되는 기회를 제공했고, 2000년대 들어 인터넷 거품 시대는 벤처기업가들을 양산했다. 시대의 조류에 따라 창업이나 주식투자, 부동산투자에서 새로운 기회가 생겼다.

며칠 뒤, 몇 달 뒤만 생각해서는 안 된다. 주식 시세의 현란한 움직임에 속아 그날그날의 변화 속으로 빠져서도 안 된다. 큰 기회를 잡아야 한다. 10년에 한 번 오는 기회를 잡으면 성공할 수 있다. 인생역전은 로또로 하는 게 아니다.

조바심을 드러내는 사람은 결코 큰 부자가 될 수 없다. 때를 기다리고 시장의 흐름을 타야 한다. 기다림 속에서 기회가 찾아온다. 시장이 너무 달아올라 힘이 빠졌거나, 아니면 시장이 오랜 기간 잠잠해서 조만간 에너지를 폭발할 것 같은 시기가 반드시 온다. 그 때 움직일 수 있어야 한다.

큰 장이 설 때에는 2~3배 이상 수익을 가져다주는 것들이 수두룩하게 생긴다. 주식시장이나 부동산 시장은 짧은 기간 동안에 폭발적으로 움직이는 성향이 있기 때문에 시기선택이 더욱 중요하다. 기회가 왔을 때 낚아챌 수 있는 능력이 없다면 성과도 없다.

44
거만하면 다시 가난해진다

큰 위기는 몇 가지 사소한 성공 뒤에 찾아오는 경우가 많다. 매달 계약을 따내고 순조롭게 사업을 진행하고 있는 중소기업인들은, 사소해 보일지 모르나 실제로는 매우 보람찬 성공들이 계속 이어지면서 공장도 늘리고 설비도 증설한다. 위기는 이런 와중에 갑자기 찾아온다. 공장을 새로 짓고 설비를 늘리는 과정에서 신규계약이 줄어들고 사업이 위축되는 경우가 많다. 사업을 확장하는 데 정신이 팔리다 보면 정상적인 영업활동이 소홀해지기 때문에 생기는 일들이다. 모든 것이 순조로운 때를 전제로 해서 짜놓은 자금계획은 쉽게 엉클어지고 사업은 악화된다. 흑자도산 기업은 대부분 이런 경우다.

주식투자도 마찬가지다. 몇 번의 작은 성공은 사람을 교만하게 만든다. 작은 성공이란 자기가 갖고 있는 돈의 일부를 투자해 상당한 수익을 내는 경우를 말한다. 자신의 판단이 잘못될 수도 있다는 것에 대한 경계심을 잃고 투자하는 돈의 규모가 갈수록 커진다. 여러 차례 성공하다가도 한 번 실패하면 모든 것을 잃는 것이 '올인all-in'식 투자다. 모든 것을 걸고 투자할 때는 '이번에 성공하면 판을 떠나겠다'는 각오로 해야 한다. 올인식 투자에 성공했다면 실제로 그 판을 떠나야 한다.

하지만 대부분의 사람들은 한 번 성공하면 그 성공이 계속 이어질 것이라고 믿는다. 절대로 판을 못 떠난다. 돈과 신용을 모두 잃고 나서야 포기한다. 정확히 표현하자면 쫓겨나는 것이다. 이런 유형의 사람들은 한두 번의 성공에 도취되어 악재에 매우 둔감하고 위기를 전혀 알아채지 못한다.

45

돈에 관한 좋은 책을 고를
심미안이라면 돈 번다

주식으로 돈을 벌려는 사람들의 주머니를 노리는 낚시꾼들은 주식시장에만 있는 게 아니다. 서점가에도 주식투자 하는 사람들을 노리는 책들이 무수히 깔려 있다. 이런 책들을 집어드는 순간, 당신은 쓸데없이 바빠질 뿐이다. 그런 책들을 읽는다고 현명해지는 것은 아니다. 오히려 바보가 되는 경우가 많다.

시중에 나온 주식에 관한 책들은 너무나 많아서 전문가들도 다 읽어보지 못했을 것이다. 이들 중 대부분은 과거에 나온 책들을 재탕했거나 말도 안 되는 얘기를 늘어놓은 것들이어서 굳이 언급할 가치조차 없다.

필자가 읽어본 주식관련서 중에서 다음 두 권을 추천하고 싶다. 미국의 전설적인 펀드매니저 피터 린치가 쓴 《One Up on

Wall Street》와 미국의 프린스턴 대학 교수인 버튼 G. 맬키엘이 쓴 《A Random Walk Down Wall Street》이다. 《월가의 영웅》이 라는 다소 거창한 제목으로 번역된 《One Up on Wall Street》는 미국 월가에서 전설적인 투자운용 실적을 거둔 펀드매니저가 자신의 노하우를 집대성했을 뿐만 아니라 매우 쉽게 쓴 대중서다. 반면, 《월가에서 배우는 랜덤워크 투자전략》으로 번역된 맬키엘의 책은 풍부한 사례를 담은 투자이론서다.

이 두 책은 완전히 상반된 주장을 담고 있다. 피터 린치는 "시장평균수익률 이상의 이익을 낼 수 있다."고 주장하는 반면, 맬키엘은 "다트를 던져 고른 종목들보다도 더 많은 수익을 지속적으로 내는 것은 불가능하다."고 주장한다. 맬키엘의 주장에 따르면 예컨대 13년간 연평균 30%에 가까운 이익을 낸 피터 린치는 확률적으로 무수히 많은 펀드매니저들 중에서 나올 수 있는 인물에 불과하다. 동전던지기를 시도하는 사람이 100만 명이라면 20번 연속해서 앞면으로 던진 사람은 한 명 정도 나오게 된다. 이렇게 해서 선정된 사람에게 다시 동전을 던지게 했을 때 앞면이 나올 확률은 50%라는 것이 맬키엘의 주장이다.

하지만 피터 린치의 책을 보면 단지 확률로만 말할 수 없는 '무엇'이 있다. 투자를 다시 시작하더라도 피터 린치는 다른 사람들보다 상당히 높은 수익을 올릴 것이라는 믿음을 주는 것도 사실이다. 피터 린치의 "좋은 주식을 고를 수 있다."는 주장과 맬키엘의 "주가는 술 취한 사람의 발걸음 random walk 처럼 어디로 갈지 모른다."는 주장은 주식시장에서 아직도 대립하는 논쟁이다. 이론을 갖추면서 주식투자를 하고 싶다면 이들 두 권의 책은 인내심을 갖고 꼭 읽어보기 바란다. 그리고 스스로가 어느 쪽이 옳은지에 대해 진지하게 결론을 내라. 그 결론에 따라 투자방법은 크게 달라질 것이다.

두 명만 더 권하라면 워렌 버핏과 앙드레 코스톨라니가 있다. 투자의 대가인 이들이 쓴 책들은 여러분 자신의 투자철학을 가다듬는 데 도움이 될 뿐만 아니라 상당한 재미도 있다.

46
부동산, 피해갈 수 없는 돈의 법칙

1. 부동산투자는 발품을 팔아야 한다 투자하려면 부동산시장에 대해 열심히 공부해야 한다. 부동산은 주식처럼 표준화되어 있지 않아 그 가치를 분석한 자료들이 거의 없다. 어떤 부동산은 터무니없이 비싸고 어떤 곳은 매우 싸다. 이 때문에 부동산 시장에는 값싼 부동산을 비싸게 팔아먹으려는 사기꾼들이 늘 득실댄다. 개별 부동산에 대한 공개자료가 없기 때문에 발품을 팔아 직접 확인하고 여러 가지 정보를 세세히 알아보는 정성을 기울여야한다. 아파트, 오피스텔, 상가, 토지 등 다양한 상품의 시장특성과 수요와 공급, 각종 호재와 악재, 법률관계 등 다양한 관련 지식에 대해서도 공부해야 한다. 부동산 투자는 그리 쉬운 돈벌이가 아니다.

2. 단기간에 성과를 내려고 하지 마라 부동산의 가격변동주기는 주식보다 훨씬 길다. 한두 해 급격하게 오르다가 10년 정도 가격변동이 크게 없는 조정국면을 보이기도 한다. 최근 몇 년간 부동산 시장에서 몇 배의 차익을 남겼다는 신화에 빠져들어 단기간에 승부를 내겠다고 달려들면 실패할 공산이 크다. 자신의 의지와 집중연구로 부동산 시장에서 몇 배의 대박을 낼 수 있다고 생각해서는 안 된다. 은행에서 주택담보대출 한도를 최대한 많이 받아둔 뒤, 이자로 내야 할 돈까지 추가로 대출받으면서 아파트가 오를 때까지 쥐고 있겠다는 생각도 그리 현명하지 않다. 아파트가 다른 상품에 비해 가격이 급락할 가능성은 적지만 장기적으로 정체되거나 소폭 하락할 가능성은 꽤 크다.

3. 발전가능성을 따져라 나는 이 원칙을 매우 싫어하지만 주택을 재테크의 중요한 수단으로 생각한다면 이 원칙을 따르라. 집으로 돈을 벌고 싶다면 직장이나 처갓집, 옛날에 살았던 동네의 친근감 등을 기준으로 집을 고르지 마라. 미인콘테스트를 한다는 기분으로 발전가능성을 평가하라. 자신의 주관이 아니라 다른 사람들은 어떻게 발전가능성을 평가하는지가 중요하다는 얘기다. 거의 모든 부동산 전문가들은 개발호재 등으로 인해 가격이 오를 가

능성이 큰 지역에서 대표성 있는 주택을 매입하라고 권유한다. 그런 지역이 직장이나 처갓집에서 멀리 떨어진 경우, 전세로 내주고 자신은 직장과 가까운 쪽에 전셋집을 구하라고 조언하고 있다.

4. 집을 사는 대가를 생각하라 집값 상승에 익숙해지다 보면 집을 사는 데 얼마나 많은 대가를 치르는지에 대한 감각을 잊게 된다. 희귀종 튤립 한 뿌리를 얻는 데 건물 한 채를 넘겨줬던 네덜란드 사람들처럼 판단력을 상실할 수 있다. 가격이 오를 것이라고 결론을 내리기 전에 얼마나 많은 대가를 치르는지에 대해 한 번쯤 더 생각해봐야 한다. 콩나물을 고를 때보다 1백 배나 많은 정성과 시간을 투자해 신중하게 생각하라. 그래도 "살 만하다."는 결론이 나면 사라.

5. 집 한 채의 가격변동에 너무 연연하지 마라 집을 한 채 갖고 있는 경우, 가격이 오른다고 해서 그리 좋아할 일은 아니다. 당장 팔고 떠날 게 아니라면 가격이 올라도 아무런 소용이 없다. 세금만 올라 부담이 늘어날 수 있다. 집값이 비싸면 나중에 이사 갈 때 돈이 남지 않느냐고 얘기할 수는 있겠지만, 대부분의 사람들은 거꾸로 돈을 얼마라도 더 붙여 좋은 집으로 이사 간다. 집값

이 오르면 이사 갈 때 돈이 더 들어간다. 나중에 은퇴해서 집을 팔 때 비슷한 처지에 있는 사람들이 많아져서 집이 팔리지 않고 가격도 떨어질 수 있다. 집이 한 채일 경우, 부동산 가격상승으로 인해 얻을 수 있는 실질적인 이익은 그리 크지 않다.

6. 정책의도와 정책효과는 다르다 주택 가격에는 정부 정책이 상당히 큰 변수로 작용한다. 정부가 내세우는 정책의도 보다는 '의도하지 않은 결과'로 나타나는 정책효과를 더 연구해야 한다. 예컨대, 정부가 원가공개 등으로 중소형 아파트 공급가격을 더 낮추고 중대형 아파트에 대해서는 채권입찰제 등으로 분양가격을 더 높이면 기존의 중소형과 중대형 아파트 가격의 격차는 확대된다. 양도세를 중과하면 주택을 파는 사람의 세후 수입은 줄어들지만, 사는 사람도 양도세 부담을 어느 정도 분담하게 되므로 시장가격은 일정부분 올라가게 된다. 세금정책이 부동산값뿐만 아니라 세후 수익률에 영향을 주는지에 대해서도 알아야 한다.

7. 집을 사는 것은 선택의 문제다 집을 살 기회가 있었는데도 지금까지 집을 사지 않았다면 계속 집을 사지 않는 것도 훌륭한 선택이 될 수 있다. 뒤늦게 원칙을 수정해 허둥지둥 집을 사면 상

투를 잡을 수 있다. 자신의 원칙을 고수하는 것이 때로 더 많은 보답을 받을 수 있다. 집을 사지 않은 것이 더 좋은 시대가 올 수도 있다.

8. 골프회원권은 부동산이 아니다 골프회원권은 골프장을 이용할 수 있는 권리일 뿐이다. 헬스클럽 이용권과 다를 게 없다. 골프회원권 소유자의 지위를 점차 강화하는 쪽으로 법이 바뀌고는 있지만 골프회원권은 본질적으로 주식도 아니고, 부동산도 아니고, 이자를 받을 수 있는 채권도 아니다. 골프회원권 투기붐이 불었던 일본에서는 회원권 값이 가장 비쌀 때의 3% 수준으로 떨어진 곳도 있었다. 골프를 평생 즐길 생각이 없다면 투자목록에서 골프회원권은 아예 빼라.

47

매미의 울음 소리

5억 원짜리 아파트 매매를 성사시킨 부동산 중개업자는 얼마나 벌까? 매매대금의 0.5% 정도의 수수료를 받기 때문에 한 건의 계약으로 양쪽을 합해 5백만 원 정도를 받을 수 있을 것이다. 간단한 계약서를 작성해주고 약간의 발품을 파는 것만으로 너무 많은 돈을 받는다고 생각할 수도 있다. 하지만 중개업자는 한 건의 계약을 성사시키기 위해 수많은 사람들을 만난다. 중개업자가 만난 대부분의 고객들은 상담만 하고 돌아간다. 한 건의 계약을 성사시키기 위해서는 엄청난 준비 작업을 해야 한다.

기업 매매를 중개하는 M&A^{기업인수합병}전문가들은 더 많은 돈을 수수료로 받는다. 한 건의 계약에 적게는 수천만 원, 많게는 수십억 원을 받는다. 이들은 한 건의 계약을 성사시키기 위해 여러 명의 직원을 두고 길게는 1~2년 동안 정성을 기울인다. 겉보기에 간단해 보이는 업무로 엄청나게 많은 돈을 받는 것처럼 보이지만 실상은 전혀 그렇지 않다.

이틀 동안의 시험만으로 합격자를 가려내는 2차 사법시험도 다를 게 없다. 두꺼운 법전과 싸우며 인고로 지새우는 무수한 나날들을 보내야 한다. 그리고 한순간에 모든 것을 쏟아내야 한다. 합격하기 위해 몇 년 동안 골방에서 헌법·민법·형법·상법·소송법 등 어려운 과목들을 공부한다. 사법시험에 합격한 사람들을 보며 아무도 "이틀 동안 시험보고 평생 먹고 산다."고 말하지는 않는다.

투자 등으로 돈을 버는 것도 다를 게 없다. 겉보기에는 단순해 보이지만, 사실은 전혀 그렇지 않은 경우가 대부분이다. 발전가능성이 큰 땅을 찾아내기 위해 전국 방방곡곡을 누비고 자료들을 뒤진다. 개발정보를 빼내기 위해 많은 돈을 쓰기도 한다. 수익성 높은 기업의 주식을 찾아내려고 회계장부를 뒤지고 현장을 방문한다. 그런 노력을 기울인 끝에야 투자를 결정하게 된다. 대부분의 사람들은 투자를 결정하기까지 쏟아 부은 노력에 대해서는 전혀 모른다. 어쩌다 좋은 땅을 골라서 샀고, 재수가 좋아서 오르는 주식을 매입해 부자가 됐다고 생각한다.

사람들이 알고 있는 투자의 대가들은 평생을 투자활동만 하면서 지낸 사람들이다. 이들이 주식이나 부동산을 매입하거나 외환거래를 한 시간만을 놓고 보면 극히 짧은 시간에 불과하다. 하지만 그런 결정을 내리기까지 이들이 쏟아 부은 시간은 평생이다.

매미는 여름 한 철 잠깐 울기 위해 수많은 나날을 보낸다. 참매미는 성충으로 일주일 정도 살다가 죽는데, 성충이 되기까지 알과 애벌레로 7년을 살아야 한다. 울창한 매미의 울음소리는 거저 나오는 것이 아니다. 엄청난 인고의 세월을 짧은 시간에 토해내는 것이다.

사업이나 투자도 마찬가지다. 어떤 결정을 내리기까지 무수히 많은 밤을 지새우고 고민할수록 좋은 성과를 낼 가능성이 높다. 주식투자나 부동산투자로 버는 돈은 불로소득이지만, 땀을 흘리지 않고 그냥 버는 것은 아니다. 이 세상의 모든 돈은 흘리는 땀의 양에 비례해서 나온다.

48

완전히 일 속에 빠지면
돈의 원리가 보인다

부자가 되는 가장 보편타당한 방법은 자신이 하는 일을 열심히 하면서 자신의 재능을 키우는 것이다. 아무 생각 없이 일하는 것이 아니라 자기가 지금 하고 있는 일을 가장 효율적으로 할 수 있는 방법을 찾아내고 최대한 노력을 기울여야 한다. 그런 가운데 깨달음이 오고 자신이 나아갈 길을 찾아낼 수 있다.

부자와는 인연이 없는 듯 보이는 농부라고 해서 모두 가난한 것은 아니다. 제주도에서 귤나무를 초창기에 재배한 사람들은 많은 돈을 벌었다. 귤이 흔해지자 한라봉을 재배한 사람들이 많은 돈을 벌었다. 한때는 비닐하우스에서 바나나를 키운 사람들이 큰 돈을 벌었다.

사업하는 사람들도 다를 게 없다. 좋은 상품을 만들어 고객들에게 최대한 만족을 주려고 노력하는 것이 부자가 되는 지름길이다. 직장인들도 마찬가지다. 열심히 일해서 능력을 인정받고 많은 월급을 받으면서 오래 일하고, 최고경영자까지 오르는 것이 돈을 버는 가장 쉽고 훌륭한 방법이다. 경영인에 대한 대우가 날로 좋아지는 오늘날에는 최고경영자까지 오르는 샐러리맨들은 상당한 부자가 될 수 있다. 운동선수, 연예인, 프로게이머들도 마찬가지다. 그 분야에서 선두주자가 되면 부자가 될 수 있다. 어느 곳에서든 고철을 갈아 은빛 바늘을 만들 각오로 열심히 일하면 성공할 수 있다.

자신에게 주어진 업무를 더 많이 배워 능숙하게 처리하고 회사 내에서 좋은 평가를 받는 길이 부자가 되는 지름길인데도 한눈을 팔고 있다. 그런 당신이 부자가 될 수 있을까? 부자가 되는 길은 먼 곳에 있는 게 아니다.

49
로마 시인의 한마디

큰 부자로 죽기 위해 가난하게 산다는 것은 미쳐도 이만지만 미친 짓이 아니다.

—유베날리스

50
호황일수록 돈 빌려
재테크하지 마라

'단군 이래 최대 호황'으로 불린 1980년대 후반, 주식과 부동산 가격이 폭등했다. 외환위기를 거치고 난 뒤에 나타났던 가격폭등 못지않은 급등세를 보였다. 샐러리맨들은 점심시간마다 증권사 객장으로 모였고 농부는 모판을 내팽개치고 증권사로 뛰어갔다. 노태우 당시 대통령 후보는 포철과 한전 등을 국민주로 공급하겠다고 약속했다. 부동산 쪽에서는 신도시개발계획이 잇따라 발표됐다. 모든 것이 좋아보였다. 당시 사람들은 만나면 주식과 부동산 얘기를 했다. 당시 유행했던 말 중 하나는 "아직도 주식투자를 안하냐?"였다.

불과 2~3년 만에 분위기는 정반대로 바뀌었다. 주가는 반 토막 이하로 떨어졌다. 이번에는 "아직도 주식을 갖고 있냐?"라는 말이 유행했다. 마냥 오를 것 같던 아파트 가격도 하락세로 돌아섰다.

1980년대 말과 1990년대 초에 가장 큰 고통을 겪었던 사람들은 증권회사 직원들이었다. 우리사주를 5만~6만 원에 수천만 원어치를 사들였는데 가격이 폭락을 거듭해 4분의 1 이하로 떨어졌다. 결혼을 한 증권사 여직원들은 퇴직하고 싶어도 퇴직할 수 없었다. 우리사주를 사기 위해 회사로부터 빌린 돈을 갚지 못했기 때문이다. 스스로를 '채무노예'라 부르며 자포자기의 심정으로 일을 했다.

이와 비슷한 일이 조만간 나타날 수 있다. 주택담보대출은 어느덧 200조 원을 넘었다. 주택담보대출로 돈을 빌려 집을 산 사람들 중에는 집값이 상당히 오른 상태에서 산 경우도 많다. 만약 2억 원을 빌렸다면 매달 이자로 얼마를 갚아야 할까? 대출금리가 연 6%라면 매달 100만 원씩 은행에 내야 한다. 이자만 갚기 때문에 몇 년이 지나더라도 대출금 2억 원은 그대로 살아 있다. 집을 산 뒤에 가격이 오르지 않는다면 매달 1백만 원씩 꼬박꼬박 은행에 갖다바치는 꼴이다. 1980년대 말에 증권회사의 우리사주를 빚으로 사들인 사람들과 다를 게 없는 신세가 될 수 있다.

실제로 소득이 많지 않은 사람들이 돈을 빌려 집을 산 경우가

많다. 그러다보니 가계는 시퍼렇게 멍이 들었다. 2006년 2분기 도시근로자 가구의 가계지출을 보면 소비성향이 73.3%로 외환위기 이후 가장 낮은 수준으로 떨어졌다. 소비를 줄여 저축을 늘렸다면 반가운 소식이지만, 상당수 가정에서는 실제로 늘어난 이자와 세금을 갚는 데 돈을 많이 썼기 때문에 소비할 여력을 상실했다. 금리가 더 오른다면 소비는 더 위축될 수밖에 없다.

부동산투자로 돈을 버는 것은 자신의 의지를 벗어나는 경우가 더 많다. 부동산가격이 하락하는 추세에서는 아무리 좋은 부동산을 골라도 돈을 벌기가 어렵다. 마찬가지로 주가가 하락하는 국면에서 수익을 내는 것도 쉽지 않다.

최근 집값과 주가가 큰 폭으로 올랐다는 사실은 향후 집값과 주가에 부정적으로 작용할 것이다. 가격이 높다는 것이야말로 가장 큰 악재이기 때문이다. 2000년 이후 부동산 가격이 급등한 사실을 감안하면 추가로 수익을 내기는 더욱 어렵다는 것을 짐작할 수 있을 것이다. 호황일수록 재테크에 더 신중해져야 한다.

51
돈을 벌려면 창업하라

돈 버는 것에 승부를 걸고 싶다면 야수가 돼야 한다. 회사라는 울타리 안에서 안주하기 보다는 창업을 해서 적자생존의 밀림 속으로 뛰어들어야 한다. 독특한 아이디어로 좋은 상품을 만들어 마케팅에 성공하면 큰돈을 번다. 물론 실패하면 전 재산을 잃을 수 있고 신용마저 파산날 수도 있다. 창업의 실패확률을 낮추기 위해서는 직장에 다니면서 전문지식을 익히고 인맥을 두텁게 형성해 두는 것이 좋다.

우리나라에서 창업을 하는 사람들은 의외로 많다. 2005년에 새로 만들어진 신설 법인 수는 5만 2,587개였다. 월평균 4천 개 이상의 기업이 새로 생긴 셈이다. 이 중에는 이미 회사를 갖고 있는 사람이 또 하나의 법인을 설립한 경우도 많다. 새로 사업을 시작하려는 사람이 세운 회사들도 많다. 하지만 매년 생기는 기업들 가운데 돈을 많이 벌어 성공한 회사는 그리 많지 않다. 대부분은 몇 년 못 버티고 파산 또는 휴면상태에 들어가거나 하루하루 연명하는 수준에서 버티고 있다. 2005년에 설립된 법인들 가운데 연간 10억 원 이상 수익을 내는 회사로 성장하는 기업은 그리 많지 않을 것이다. 수많은 기업들이 무너지고 실패하기 때문에 성공한 기업들은 더욱 빛이 난다.

법인을 설립하지 않고서도 개인 명의로 사업을 할 수 있다. 장사는 돈을 버는 훌륭한 방법이지만 쉬운 방법은 아니다. 자영업자들 중 상당수는 직장을 잃어 어쩔 수 없이 가게를 열고 하루하루 어렵게 생계를 꾸려가고 있다. 성공하려면 고객을 끌어들일 수 있는 무엇인가가 있어야 한다. 그 무엇인가를 만들기 위해 열심히 연구하고 치열하게 고민해야 한다.

중국이 막 개방을 했을 때 어떤 한국인 한 분이 음식 천국인 중국에서 식당을 개업해서 성공했다. 성공요인에 대해 기자가 마이크를 들이대자 "저는 이 곳에 뼈를 묻거나, 성공하거나 둘 중 하나를 택하겠다고 결심하고 뛰어들었습니다."라고 대답했다. 축적과 돌파. 노하우를 축적하든, 근면과 깡다구를 축적하든 일정 수준의 축적이 없이는 아무것도 넘어서지 못한다.

52
사람들이 불편해하는 것에
돈이 숨어 있다

우리나라에서는 벤처기업을 인터넷이나 정보기술^{IT}과 같은 첨단분야에서 뛰어난 기술과 아이디어로 사업을 하는 중소기업으로만 이해하는 사람들이 많다. 이 같은 생각은 벤처기업을 지나치게 좁은 의미로 한정짓는 잘못된 생각이다.

벤처기업은 모든 분야에서 나올 수 있다. 너무나 지루해 보이는 업종에서도 벤처기업이 나올 수 있다. 새로운 아이디어와 사업방식을 적용해 부가가치를 예전보다 획기적으로 높이려는 모든 기업들이 훌륭한 벤처기업이기 때문이다.

대리운전을 전문으로 하는 회사도 처음에는 벤처기업이다. 술집 같은 곳에 개인적으로 연줄을 대서 장사하던 대리운전자들을 한 곳으로 모아놓는 혁신적인 방안을 내세운 벤처기업들은 대리운전 문화를 확 바꿔놓았다. 운전기사와 고객을 많이 확보한 대리운전 회사들은 기사들의 영업 회전율을 획기적으로 높일 수 있었다. 이로 인해 대리운전 가격은 불과 4~5년 전만 해도 5만 원 이하가 거의 없었는데, 지금은 1만 원대 수준으로 떨어졌다. 대리운전의 생산성을 획기적으로 높였기 때문에 이 같은 가격대에 대리운전 서비스를 제공할 수 있게 됐다. 지금은 대리운전 업계의 경쟁이 치열해졌지만 초창기에 이 아이디어를 내고 회사를 설립한 사람은 상당히 많은 돈을 벌었을 것이다.

구두 닦는 일이나 세탁업을 획기적으로 개선해 생산성을 높이거나, 농사짓는 방법을 바꿔 수확량을 늘리는 것도 훌륭한 벤처 사업이 될 수 있다. 택배사업을 효율화하는 방안을 찾아내 벤처 사업을 할 수도 있다.

아무리 하찮아 보이는 일이라 하더라도 그 존재가 없어지는 경우는 거의 없다. 사람들은 밥을 먹고, 똥을 싸고, 잠을 자야 한다. 옛날부터 그런 일을 쭉 해왔고 앞으로도 계속 반복할 것이다. 쓰레기를 치우는 일은 세상이 아무리 발전하더라도 계속 남아 있어야 하는 사업이다. 이런 곳에서 비용을 줄이고 업무처리 능력을 확대하는 방안을 찾아내면 부자가 될 수 있다.

세상이 엄청나게 발전해서 더 이상 발전할 여지가 없어 보이고, 새로운 사업 아이디어를 찾아내는 것이 더욱 어려워 보이는 것도 사실이다. 실상은 전혀 그렇지 않다. 21세기로 접어든 이 시점에서도 주부들을 만족시킬 정도로 청소를 깨끗이 하는 가전제품조차 만들어내지 못하는 세상이다. 엄청난 속도로 발전해가는 것 같지만 사람들의 생활환경은 초강대국 미국의 경우를 보더라도, 20세기 중반과 비교해 크게 달라진 게 없다. 그 때도 TV를 보고 냉장고를 사용했다. 프로야구를 보며 열광했고 영화를 즐겼다. 유선전화 대신 휴대폰을 쓰고 편지 대신 인터넷 메일로 대화하는 등 적지 않은 변화가 나타난 것은 사실이지만 1950년대 미국 가정의 주방과 지금 주방은 크게 달라진 것이 없다. 인공위성에서 자동차 번호판까지 읽을 수 있는 기술을 개발했지만 암 치료조차 제대로 하지 못하는 세상이다.

무슨 일을 하더라도 '어떻게 하면 소비자를 편하게 할 수 있을까?'를 생각하면 혁신의 아이디어를 찾을 수 있다. 한경희스팀청소기와 같은 제품, 퀵서비스와 같은 새로운 서비스는 앞으로도 얼마든지 나올 것이다.

새로운 아이디어를 찾고 혁신의 방안을 만들어내면 성공의 길은 저절로 열린다.

53
직장은 가장 중요한 재테크

　대부분의 사람들은 사회초년병 시절에 '직장인이 되겠다'는 소망을 갖고 있다. 나중에 자기사업을 하더라도 처음에는 직장생활을 하면서 전문지식을 좀더 배우고 인맥을 넓히려고 애쓴다.

　직장은 재테크의 가장 중요한 포인트다. 월급이 얼마인지, 얼마나 오랫동안 다닐 수 있는지 등을 따져봐야 한다. 필자가 대학을 졸업할 무렵이었던 1990년을 전후해서 취업 희망자들에게 가장 인기가 있었던 직장은 종합투자금융회사, 단기투자금융회사, 리스회사 등 제2금융권이었다. 당시 이들 회사에 들어간 사람들은 다른 직장에 다니는 사람들에 비해 1.5배 정도의 월급을 받았다. 그러나 15년여가 지난 지금, 이들 회사는 대부분 존재하지 않는다. 외환위기 이후 구조조정 과정에서 대부분 정리됐기 때문이다.

1960년대에는 석탄공사 같은 공기업에 들어가는 사람들이 삼성이나 현대 같은 민간 기업에 입사한 사람들보다 공부를 평균적으로 더 잘했다고 한다. 하지만 지금에 와서 보면 그 당시 삼성이나 현대에 입사한 사람들 중 적지 않은 사람들이 최고경영자가 되거나 회사임원으로 일하면서 상당한 돈을 모았다. 이들은 사실 미래의 변화상을 예측해 직장을 선택하지는 않았을 것이다. 경쟁 시장에서 더 활동적으로 움직이는 민간 기업이 적성에 더 맞거나 아니면 공기업이나 은행 등에 입사할 실력이 못 돼 민간 기업에 간 사람도 있을 것이다.

직장을 구하는 사람들은 아무래도 월급을 많이 주는 안정적인 회사를 선택하게 된다. 하지만 지금 안정적이고 월급을 많이 주는 회사가 10~20년이 지난 뒤에도 계속 안정적이라고 장담할 수는 없다. 업종에 따라 흥망이 엇갈리게 되고, 같은 업종에 있는 회사라 하더라도 잘나가는 회사와 그렇지 못한 회사가 있다. 어떤 회사들은 승승장구를 거듭해 직원들에게 월급도 많이 주고 승진할 수 있는 자리도 많이 만들어낸 반면, 어떤 회사들은 부도를 내 사라지거나 법정관리 등으로 연명한다. 입사 당시에 회사의 장래 운명을 예측하는 것은 불가능하다.

결과적으로 봤을 때 좋은 직장을 선택하는 것에는 운이 상당히 작용한다. 인생은 복불복福不福이라 하지 않던가. 하지만 장래에도 좋을 회사를 고르는 노력을 게을리해서는 안 된다. 대부분의 사람들은 자신이 다닐 회사의 장래에 대해 그리 깊게 생각하지 않는다. 취업 자체가 어렵기 때문에 다닐 회사를 고르기는커녕 아무 회사나 감지덕지하면서 다니겠다고 생각하는 사람들도 많다. 아무리 그래도 자신이 다닐 회사에 대해서는 곰곰이 따져봐야 한다. 수백만 원을 투자하는 주식을 고르면서도 회사를 열심히 연구하는데, 하물며 평생 다닐 회사의 장래를 연구하지 않는다는 것은 말이 안 된다. '순간의 선택이 평생을 좌우한다'는 말은 직장을 선택할 때 꼭 필요한 금언이다.

회사는 깨어 있는 시간의 대부분을 보내는 곳일 뿐만 아니라 복지센터이고, 동시에 사회안전망이다. 업종의 향후 전망도 밝고 자체경쟁력도 있는 회사를 선택하는 것은 자신의 '노동력'이라는 훌륭한 자산을 가장 효과적으로 운용하는 재테크다.

54
자신이 늘 하던 일에
창업 아이디어가 있다

어떤 회사에서든 맡은 일을 오랫동안 열심히 하다보면 눈이 트인다. 회사의 문제점도 보인다. 그런 문제들을 해결할 수 있는 방안을 찾아낼 수 있다면 자신만의 사업을 시작해도 된다. 자신이 잘 아는 쪽으로 연구하면 전문지식과 재능을 충분히 살리면서 창업할 수 있다. 생산성을 높일 수 있는 방법이나 아이템을 찾아내는 것도 불가능한 일은 아니다.

사람들이 자신의 전문분야와 무관한 곳에서 사업을 한다는 것은 비극이다. 이상스레 모두들 누구나 쉽게 할 수 있고 만만해 보이는 쪽으로 창업을 결정한다. 음식점이나 슈퍼마켓, PC방 등이 대표적인 사례다. 대부분 음식점에서 한 번도 일해본 적 없고, 요리를 잘하거나 미각이 특출하지도 않은 사람들이 음식점을 차린다. 슈퍼마켓이나 PC방을 여는 사람들도 마찬가지다. 인생을 살아오면서 배우고 익힌 전문성을 사장시킨 채 얼핏 쉬워 보이는 일에 뛰어든다.

이런 식으로 창업하는 사람들은 단순 노무직과 다를 게 없다. 차이점을 굳이 들라면, 생계수단으로 점포를 갖고 있다는 점뿐이다. 점포를 임대했을 때 받을 수 있는 임대료 정도를 빼고 나면 실제로 단순직 노동자가 받을 수 있는 급여 이상을 벌 수 없다. 진입장벽이 너무 낮아 자기 월급도 챙기지 못하고 빚만 늘어나는 경우도 많다. 이런 경우에는, 창업해서 깡통을 찰 확률이 무리한 재테크만큼이나 높다. 이것이 우리나라 수많은 자영업자들의 현실이다.

전자회사에서 십수 년 간 근무한 사람은 관련 분야에서 할 수 있는 사업을 찾아야 한다. 자신이 그 동안 익힌 전문지식과 인맥을 활용할 수 있는 경쟁력 있는 사업을 반드시 찾아내야 한다. 그렇지 않은 창업은 무덤이 될 수 있다. 우리나라의 자영업자 비율이 선진국들에 비해 두 배 가까이 높다는 사실을 잊어서는 안 된다.

벤처기업은 훌륭한 창업 수단이 될 수 있다. 특히 제조업 분야에서 좋은 벤처기업들이 많이 나와야 사회가 발전하고, 사람들도 돈을 많이 번다. 우리나라의 기술수준이나 마케팅능력, 경영기법 등은 선진국에 비해 크게 뒤지지 않는다. 몇몇 핵심분야에서 경쟁력을 갖춘 사람들이 모이면 훌륭한 기업을 만들 수 있다.

예를 들어보자. 최근 어려움은 겪고 있지만 MP3플레이어인 아이리버로 유명한 레인콤의 양덕준 사장은 삼성전자 출신이다. 휴대폰 부품업체인 엠텍비전은 LG반도체 설계담당 연구원이었던 이성민 사장이 주도해서 만들었고, 또 다른 휴대폰 부품업체인 코아로직은 현대전자 임원이었던 황기수 사장이 창업했다. 이들 회사는 웬만한 주식투자자들은 잘 아는 초우량 벤처기업들이다. 이들 벤처기업가들은 대기업에서 하지 못한 일들을 해냄으로써 큰 부자가 됐다.

새로운 사업으로 성공하는 것 자체가 쉬운 일은 아니다. 벤처기업가들을 사기꾼처럼 보는 사회 일부의 시각도 무시할 수 없다. 벤처기업은 경영자의 능력이나 기술력, 사업에 대한 열정 등 주관적인 요소들이 사업의 성패에 결정적으로 작용하기 때문에 전문가의 조언을 받기도 쉽지 않다. 벤처기업가의 능력이나 성향은 그 자신조차 제대로 모르는 경우가 많다. 하물며 조언자가 그런 세세한 것들을 어찌 알겠는가.

창업을 하려는 사람은 스스로 연구하고 문제에 대한 해결방법을 찾아내, 일을 즐길 수 있는 사람들이어야 한다. 일에 재미를 느끼고 열정을 갖고 있는 사람들은 창업으로 돈을 벌 수 있다.

55

시장을 보아라, 그래야 돈이 붙는다

우리 사회에 불어 닥치고 있는 또 다른 유행은 '공무원 열풍'이다. '가늘지만 길게 살겠다'는 사람들이 늘어나면서 공무원, 교사, 공기업이 유망한 직업으로 떠오르고 있다. 대학입시에서도 정년이 보장되는 교사를 배출하는 교대와 사대의 경쟁률은 매우 높다. 공무원 시험에 매달리는 사람들로 전국의 도서관들은 만원이다.

7급 공무원시험 응시자는 2000년 4만 5,000여 명이었다. 2005년에는 7만 8,000명으로 늘어났다. 2006년 9급 공무원 시험에는 사상 최대인원 18만 8,321명이 지원했다. 이들 중에는 고졸자와 대졸자뿐만 아니라 대학원을 졸업한 석사와 박사들도 적지 않았다. 공무원 시험 준비를 하는 사람들이 전국에 50만 명에 이를 것이라고 한다.

공무원이나 교사가 되겠다는 것은 일확천금의 허황된 꿈을 꾸는 것보다는 훨씬 낫다. 하지만 도전정신을 버리고 현실에 안주하면 부자가 될 가능성이 거의 없다. 생존경쟁의 거센 회오리가 불지 않는 곳에서 안주하며 편안하게 살아가다 보면 부자가 될 기회도 생기지 않는다. 공무원이라는 자리가 부여하는 권한을 적절하게 이용해 돈을 모은 사람들도 일부 있겠지만 정직한 공무원들은 대부분 월급민으로 살아간다. 공무원은 정부라는 든든한 우산 아래 있기 때문에 시장의 도전을 받지도, 시장에 도전하지도 않는다.

공무원은 예전에도 인기가 있었다. 정년이 보장되고 은퇴한 뒤에는 노후를 어느 정도 보장해주는 공무원 연금을 기대할 수 있기 때문이다. 그러나 지금처럼 수많은 사람들을 블랙홀처럼 빨아들이지는 않았다. 행정고시인 5급과 7급 공무원 시험은 예전에도 어려웠지만 9급 공무원 시험은 학원에 다니면서 공부해야 할 정도는 아니었다.

공무원은 장점 못지않게 단점도 많다. 공무원의 단점은 퇴직한 뒤 마땅히 갈만한 곳이 없다는 것이다. 시장에 대해 배울 수 있는 기회가 적고 머리를 숙여야 할 일도 거의 없어 사회가 어떻게 돌아가는지 제대로 모르기 때문이다. 오죽하면 '퇴직한 공무원의

돈은 먼저 보는 사람이 임자'라는 말이 나왔을까.

공무원 열풍이 거세다보니 우리 사회에는 도전정신에 충만한 사업가와 직장인들이 갈수록 줄어들고 있다. 부자가 되려면 힘들더라도 시장에서 싸워야 한다. 처음에는 조그만 기업의 말단 사원으로 시작하더라도 내일처럼 배우고 준비하면 나중에 자기 사업을 얼마든지 할 수 있다. 시장에서 성공하기란 쉽지 않지만 그래도 한 번 싸움을 걸어볼 만한 곳이 바로 시장이다. 흥망성쇠, 인생의 재미를 느낄 수 있는 일을 시장에서 찾아내 승부를 건다면 괜찮은 삶 아닌가.

56

자신만의 전문분야를 개발하라

'디벨로퍼developer'로 불리는 부동산 개발업자들 가운데는 유독 대우건설 출신들이 많다. 서울 서초동 화물터미널 재개발 사업을 주도하고 있는 경부유통의 이정배 사장, 서울 강남 청담동에서 고급빌라인 멤버스카운티 단지를 만든 미래C&C의 우명구 사장, 목포에 아파트를 공급한 피데스 개발의 김건희 사장, 경기 부천에서 주상복합아파트를 분양한 P&D코리아의 홍창환 사장 등이 대우건설 출신이다.

속칭 '잘 나가는' 부동산 개발업자들 가운데 대우건설 출신들이 많은 이유는 무엇일까? 외환위기 이후 대우그룹이 붕괴되면서 대우건설이 워크아웃기업개선작업에 들어갔기 때문이다. 이로 인해 많은 사람들이 회사를 나왔다. 이들 중 일부가 부동산 개발업계에 뛰어들어 두각을 나타냈다. 물론 대우건설 출신의 디벨로퍼들 가운데는 외환위기 이전부터 부동산 개발 사업에 뛰어든 사람들도 있다. 전체적으로 봤을 때, 대우건설의 워크아웃은 많은 직원들로 하여금 독립하도록 만드는 기폭제가 됐다.

회사에 다니는 것에 익숙해지다 보면 사람들은 자신의 능력을 제대로 알지 못하게 된다. 잠재된 능력을 알아내려면 위험을 감수하면서 모든 열정을 다 바쳐봐야 하는데, 회사에 다니는 사람들은 그럴 만한 기회가 없기 때문이다. 월급쟁이들은 주어진 일만 하면 매달 정해진 날에 월급을 받을 수 있다. 책임지는 일도 제한돼 있기 때문에 스트레스를 덜 받는다. 아침에 출근하고 퇴근시간이 되어 회사를 나오면 그만이다. 집에서까지 회사 일을 고민하지 않는다. 다른 사람에게 월급 줄 일을 걱정할 필요도 없다. 회사 매출이나 수익성이 떨어지는 것도 그다지 심각하게 느끼지 않는다. 월급쟁이의 이 같은 편안함 때문에 돈을 꽤 많이 버는 자영업자들마저 "월급쟁이가 최고!"라고 말한다.

편안한 회사 생활에 안주하다보면 자신의 능력을 최대치로 끌어올리는 데 점점 소홀해진다. 나이가 들수록 바깥 세상에 나가는 것이 두려워진다. 그러다보면 회사를 떠나는 것이 마치 인생의 끝인 것처럼 여겨진다.

7시 30분 기상

8시 30분 출근

두드리고...

달리다 보면...

즐거운 월급날~

······
나는 오리당

← 실은 백조...

그것은 진실이 아니다. 직장인들의 실력은 자신도 모르게 조금씩 쌓여간다. 적당히 일하고 적당히 생활하다보니 자신의 능력에 대해서도 과소평가할 뿐이다. 직장 상사로부터 야단을 맞고 일을 못한다는 구박을 받는 사람들도 자신이 모르는 상당한 능력을 갖고 있는 경우가 많다. 다만 회사를 그만두면 밥줄이 끊기는 것으로 알고 조심조심 살아가는 것이다. 회사 밖으로 나오면 엄청난 재능을 발휘할 수 있는 직장인들이 자신의 숨겨진 능력을 제대로 알지도 못한 채 숨죽여 살고 있는 경우가 의외로 많다.

대우건설 출신의 성공한 디벨로퍼들은 대우건설에 다닐 무렵에도 자신에게 독립적인 사업능력이 있다는 것을 알고 있었을까? 그렇지 않을 것이다. 그들도 자신의 재능을 밖에 나와서야 알았고 이를 점점 키워나갔을 것이다.

회사 생활을 하면서 자신의 전문분야에 전력투구해서 능력을 키우다보면 회사를 그만두더라도 두려울 게 없다. 함께 일했던 동료들과 회사를 차릴 수도 있고 더 좋은 회사에 스카우트될 수 있다. 위기가 닥치면 잠자고 있던 재능이 깨어난다.

'회사를 그만두고 뛰쳐나오라'는 얘기가 아니다. 회사 생활을 하더라도 자신의 재능을 과소평가하지 말아야 한다는 얘기다. 열심히 일하다 보면 길은 어느 곳에서나 열린다. 다니고 있는 회사에서 높은 자리로 빠르게 승진하거나 아니면 전혀 새로운 환경에서 기회가 주어질 수도 있다. 행복지수는 자신이 높이는 것이다.

57
백마 탄 왕자, 평강공주는 안 온다

부자가 될 수 있는 가장 손쉬운 방법은 부자를 부모로 두거나 부자를 배우자로 선택하는 것이다. 한국의 부호들은 거의 대부분 재벌가의 자녀들이다. 이들 중 일부는 독립한 뒤, 기업경영의 최일선에 나서 부를 늘리기도 했지만 근본적으로는 재벌가 집안이라는 사실이 크게 작용했다.

부모는 자신의 의지로 선택할 수 있는 게 아니다. 배우자는 어떨까? 얼마 전에 방영됐던 인기 드라마 〈파리의 연인〉과 같은 신데렐라 식의 이야기들이 인기를 끄는 것을 보면, 어느 날 갑자기 백마를 탄 왕자가 나타나기를 꿈꾸는 사람들이 적지 않은 것 같다. 온달족이 늘어나는 것도 같은 현상이다.

옛날이나 지금이나 혼인은 부유층 또는 사회 지배층에 진입하는 가장 빠른 길이다. 그렇다면, 이제부터 부자와 결혼하기 위해 치밀하게 준비하는 것은 어떨까? 하지만 불행하게도 가난한 사람이 부자와 결혼한다는 것은 거의 불가능하다. 우선 부자들과 만날 기회가 적다. 부자들이 선호하는 제1의 결혼 상대자는 역시 부자다. '끼리끼리 논다'는 얘기다. 재벌가일수록 혼인과 혼인을 통해 재계의 인맥으로 서로 엮인다.

부자들에게 부자가 아닌 사람들 중에서 배우자를 고르라면 어떤 유형의 사람을 선택할까? 예전에는 권력자의 자녀가 부잣집 자녀와 많이 결혼했다. 박정희 전 대통령의 둘째 딸은 풍산그룹으로 시집갔고, 노태우 전 대통령의 딸은 SK그룹으로 호적을 옮겼다. 노신영 전 국무총리는 아들과 딸의 배우자로 현대그룹, 풍산그룹, 고려원양 집안의 자녀를 맞아들였다. 홍진기 전 내무장관의 딸은 삼성그룹의 안주인이 됐다.

예전에 대기업 창업주들이 권력자와 사돈을 많이 맺게 된 이유는 분명했다. 기업을 키우기 위해서였다. 권력자의 비호 또는 협력이 절대적으로 필요했던 시절이 우리에게도 있었다. 사업을 하는 사람들은 권력자와 자주 만나야 했다. 부자와 권력자는 자연스럽게 친해졌고 자녀들의 혼처를 스스럼없이 논의했다. 창업주 입장에서는 기업을 키우기 위해 권력과 유착할 필요도 있었다.

권력과 유착할 수 있는 손쉬운 방법은 혼맥 구축이었다.

최근에는 권력자의 자녀와 부자의 자녀가 결혼하는 비율은 많이 낮아졌다. 권력에 비해 시장의 힘이 커졌기 때문이다. 민주화가 정착되면서 권력자들의 임기가 짧아졌다. 대통령은 5년이고 장관은 1년 남짓이다. 이런 권력자들과 평생 엮이는 혼맥까지 맺을 필요성이 준 것이다.

부잣집 자제들이 자유분방하게 사람을 만나고 자유의사에 따라 배우자를 선택하는 경우가 늘어나고 있다. 국내 최대그룹인 삼성 이건희 회장의 딸이 평범한 사람과 결혼한 것은 대표적인 사례다.

하지만 크게 보면 부자들은 아직까지도 폐쇄적인 결혼문화를 그대로 유지하고 있다. 가난하거나 평범한 사람들이 끼어들 여지는 확률적으로 봤을 때 거의 없다. 작은 부자들이야 숫자가 많기 때문에 다양한 사람들과 결혼을 하겠지만 큰 부자들은 그렇지 않은 편이다. '결혼으로 큰 부자가 되겠다'는 사람이 있다면, 그 꿈은 일찍 버리는 편이 낫다.

58

지금 가난하거나 평범한 젊은 당신,
정상이다

우리 사회에서 20대, 30대의 젊은 부자들이 빠르게 늘어나고
있다. 결혼을 한 지 얼마 되지도 않은 사람들이 값비싼 아파트에
살고, 비싼 외제차를 몰고 다니는 경우가 많다. 외환위기 이후 젊
은 부자들이 부쩍 늘어난 것은 분명하다.

그 이유가 뭘까? 우리나라의 경제발전이 어느덧 한 세대를 훌
쩍 지났기 때문이다. 고도 성장기였던 1970년대와 1980년대에
사업을 해서 많은 돈을 벌어들인 사람들의 자녀가 본격적으로 사
회에 진출하는 시기가 됐다. 부잣집 자녀들은 사회에 첫발을 내
딛을 때부터 이미 상당한 돈을 갖고 시작한다. 집과 자동차, 상당
한 현금을 물려받은 사람들이 우리 주변에 많다.

외환위기는 부모로부터 물려받은 돈으로 재산을 불릴 수 있는

엄청난 기회를 제공했다. 외환위기 이후 부동산과 주식이 폭락했기 때문에 부모로부터 물려받은 돈은 상당히 큰 종자돈이었다. 상당수 기업가들과 자산가들이 실제로 외환위기 이후, 가격이 폭락한 틈을 타 자녀들에게 주식과 부동산을 상당히 많이 물려줬다. 갑자기 많은 돈이 생긴 젊은이들은 헐값에 부동산과 주식을 사들였다. 돈 많은 부모로부터 상속을 받은 시기와 싼 값에 자산을 매입할 수 있는 절호의 기회가 절묘하게 맞아떨어졌다. 이것이 젊은 부자들이 외환위기 이후 급격히 늘어난 이유다.

하지만 일부에서는 전혀 다르게 해석한다. 우리나라에서 급격하게 늘어난 젊은 부자들은 스스로 부자가 되려는 특별한 노력을 기울였기 때문에 부자가 됐다는 것이다.

그들 중에는 분명 자수성가형 부자들도 있을 것이다. 주가지수 선물이나 옵션, 부동산투자 등으로 부자가 된 경우도 꽤 있다. 벤처기업 등 자기 사업을 통해 돈을 번 사람도 상당히 많다. 그러나 자신의 힘만으로 부자가 된 젊은이들은 1960년대와 1970년대에 훨씬 더 많았다. 경제가 폭발적으로 성장하는 시기에 젊은 부자들이 많이 탄생하기 때문이다. 정주영 전 현대그룹 회장은 물론 한때 세계를 호령했던 김우중 전 대우그룹 회장, 조중훈 전 한진그룹 회장, 최종현 전 SK그룹 회장 등 무수히 많은 기업주들이 당시의 젊은 부자들이었다. 고도 성장기에 젊은 부자들이 무수히 탄생했는데도, 요즘과 비교했을 때 젊은 부자의 숫자가 적은 것은 당시 상속을 받아 부자가 된 사람들이 매우 드물었기 때문이다.

부모로부터 물려받은 돈을 외환위기 이후에 잘 굴려서 부자가 된 요즘의 젊은이들을 '자수성가형 부자'라고 말하면 더 이상 할 말은 없다. 분명한 것은 그들이 적어도 '작은 부자'로 출발했다는 점이다. 이런 사실을 외면한 채 젊은 부자들의 생활태도와 투자습관 등을 칭송하는 것은 진실을 왜곡하는 것이다.

젊은 부자들에 대한 잘못된 인식은 많은 문제를 일으킨다. "다른 사람들은 젊은 나이에 투자 잘 해서 부자가 됐는데 나는 이게 뭐냐."는 쓸데없는 자괴감만 사람들에게 심어준다. 열심히 일하면서 생계를 꾸려가는 수많은 젊은이들이 이 때문에 좌절하고 있다. 매달 받는 월급이 초라하게 느껴진다. 우리 사회의 큰 문제다.

가난한 사람이 부자가 되기란 매우 어렵다. 고도 성장기를 지나 요즘처럼 경제성장률이 5% 안팎으로 떨어진 상황에서 단기간에 부자가 되는 것은 낙타가 바늘구멍에 들어가는 것처럼 어렵다. 몇 년 만에 부자가 되려면 사업으로 승부를 걸어야 하는데, 1960~1970년대와 비교하면 사업하는 것이 훨씬 어려워졌다. 많은 시간을 투자하면서 경험을 늘리고 매우 치밀하게 준비를 해도 성공 확률은 그리 높지 않다. 물론 주가지수선물이나 옵션 등에 투기적인 거래를 해서 성공하는 경우와 비교하면 사업으로 부자가 되는 것의 성공확률이 훨씬 높다. 일부는 사업에 실패하겠지만 대부분의 경우 사업을 열심히 하다보면 부자가 되지 않더라도 중산층 이상의 삶은 누릴 수 있다.

가난하거나 평범하게 살고 있는 수많은 젊은이들이 자신의 능력이 부족해서 가난하거나 평범하게 살고 있는 것이 아니다. 자신의 능력에 대해 폄하하지 마라. 거의 무일푼으로 시작한 젊은 사람이 노력을 해도 부자가 되지 못하는 것은 지극히 당연한 현상이다. 지금 가난하거나 평범한 젊은 당신의 모습은 정상이다. 앞으로 십수 년 동안 노력해서 부자가 될 수 있다. 그러면 당신의 자녀들은 부자로 사회에 첫발을 내딛을 수 있을 것이다.

젊을 때 가난하게 사는 것에 대해 부모를 탓할 일도 아니며, 스스로를 불행하게 생각할 이유도 없다. 성급하게 부자가 되겠다는 헛된 야망이 오히려 부자의 길에서 멀어지게 할 뿐이다.

59
여자가 투자를 잘 한다

우리나라는 여성 부자들이 남성보다 적다. 그 이유는 뭘까. 능력이 없어서일까? 그렇지 않다. 우선 한국 여성들은 사회에 진출한 역사가 남성에 비해 훨씬 짧기 때문에 능력을 비교할 기회 자체가 없었다.

1960년대나 1970년대까지 여성의 사회진출은 거의 없었다. 경공업이 발전하면서 여성 노동자들이 급격하게 늘어났으나 결혼을 하면 대부분 직장을 그만뒀다. 관리직이나 전문직에 진출하는 여성은 매우 드물어 홍일점으로 불렸다.

우리나라에 여성 부자들이 적은 또 다른 이유는 남성 중심의 재산소유문화 때문이다. 땅이나 집의 등기 명의는 대부분 남자 이름으로 올린다. 부인이 재테크로 큰돈을 벌더라도 남편 이름으로 집을 사거나 땅을 사는 경우가 많다. 같이 기업을 해도 남편 이름으로 회사를 운영하는 경우가 많다. 심지어 부인이 독자적으로 기업을 경영해도 형식상 대주주는 남편인 경우도 있다. '강남 아줌마'로 불리는 여성들은 재테크에서 타의 추종을 불허하는 명성을 얻고 있다. 강남 아줌마들끼리의 막강한 네트워크는 어느 지역의 아파트가 유망한지, 어느 지역에 좋은 땅이 있는지 금방 알아낸다. 이들 중 일부는 남편에게 얻어들은 개발 정보를 적절하게 유통시키고 부동산 투기붐을 조장해 돈을 번다. 훌륭한 정보를 캐낼 수 있고 이를 확대재생산할 수 있는 능력도 갖고 있다. 부자가 될 수 있는 대단한 재능을 갖췄다고 볼 수 있다.

　여성의 사회진출 역사가 짧고, 재산소유문화가 남성중심으로 돼 있는 것을 제외하면 여성들이 남성에 뒤지는 것은 별로 없다. 아파트 등 부동산에 대한 감각은 '여성이 남성보다 훨씬 낫다'는 게 일반적인 평가다. 주식도 여성들이 적극 투자하는 경우가 상당히 많다. 가정에서 살림살이뿐만 아니라 투자처를 정하는 것을 포함한 경제권력을 행사하는 사람들은 대부분 여성이다. 우리나라에 여성 부자가 별로 없는 사실을 거론하면서 여자의 한계를 지적하고, 이 문제를 해결해야 한다는 식으로 제안하는 것은 옳지 않다.

여성은 화장품이나 옷을 구입하는 데 많은 돈을 쓰기 때문에 저축할 돈이 적다는 얘기도 있다. 여기에서 나오는 대책이 바로 '화장품이나 옷 소비를 줄이라' 는 식의 조언이다. 여성들이 옷이나 화장품을 사는 데 들어가는 돈이 남성보다 많은 것은 사실이지만, 남성들은 평균적으로 봤을 때 여성들에 비해 술값 등 유흥비로 많이 쓴다. 특정한 분야의 돈 씀씀이만 봐서는 안 된다.

여성만을 위한 부자 되기 방법은 없다. 남성과 여성이 다를 게 전혀 없기 때문이다. 실제로 상당수의 여성들은 이미 남성과 경쟁하면서 부자가 되고 있다. 필자가 아는 한 여성 전문직 종사자는 소득세만 6억 7천만 원을 낸 적도 있다. 최근 잇따라 등장하고 있는 젊은 여성 CEO들도 남성과의 경쟁에서 승부를 냈다.

돈 버는 방법은 남자든 여자든 매우 단순하다. 소비보다는 수입을 늘려 저축을 많이 하고, 저축해서 모은 돈을 잘 굴리는 자산관리로 계속 불려나가고, 시장에서 많은 것을 배워 직장인으로 성공하거나 사업을 해서 돈을 버는 것이다. 남성들이 돈 버는 방법과 여성들이 돈 버는 방법이 다를 게 없다. 여성들도 부자가 되려면 남성을 포함한 다른 사람들과 경쟁해서 이겨야 한다. 여성들만을 위한 아기자기한 재테크 방법을 제시하는 것은 장삿속일 뿐이다.

여성들에게 부족한 것이 있다면 자신감과 기존 사회의 통념이다. 여성에 대한 사회적 차별이 크게 느껴지고, 남성들과 경쟁해야 한다는 것이 큰 부담이 될 수 있다. 출산과 육아에 대한 부담을 떨쳐버리기가 어려운 것도 사실이다. 하지만 그런 것들은 주어진 상황의 일부일 뿐이다.

세상은 변하고 있고 남성이냐, 여성이냐가 중요한 것이 아니다. 누가 자신감을 갖고 부딪칠 수 있는가가 관건이다.

60
어리석은 질문 하나

행복과 돈, 비례하나요?

영국의 레스터 대학교 애드리안 화이트 교수는 부자와 관련해 재미있는 조사를 했다. 178개 국가를 대상으로 행복순위를 조사했는데, 한국은 102위에 그쳤다. 행복지수 기준으로 보면 우리나라는 후진국이다.

1인당 국민소득이 3만 달러가 넘는 경제대국 일본의 행복 순위는 얼마일까? 90위에 불과했다. 일본도 좋지 않은 순위다. 돈 많은 일본 국민들의 행복순위가 낮은 것은 돈과 행복의 상관관계가 그리 밀접하지 않다는 얘기다. 1인당 국민소득이 1,400달러에 불과한 히말라야의 작은 나라 부탄이 행복순위 8위에 오른 것만 봐도 돈과 행복이 상당 부분 무관하다고 볼 수 있다.

행복순위 1위는 어떤 나라일까? 덴마크다. 2위는 스위스, 3위는 오스트리아, 4위는 아이슬란드다. 모두 유럽의 중소규모 국가들이다. 사회복지 시스템이 잘 갖춰져 있기 때문에 사람들은 실업이나 가난에 그다지 위협을 받지 않는다. 세계 최대 경제대국인 미국(23위)보다 이들 국가의 행복감이 앞섰다는 것은 경제력이 능사가 아니라는 얘기다.

우리나라 부자들을 일렬로 세워놓고 행복지수를 조사하면 어떤 결과가 나올까? 아마도 비슷한 결과가 나올 것이다. 우리나라에서 가장 부자인 사람의 행복지수가 1위는 아닐 것이다. 부자순위로 최상위권에 있는 사람들이 행복지수에서는 하위권으로 처지는 경우도 많을 것이다. 정반대로 부자순위에서는 거꾸로 세는 편이 훨씬 가까운 사람들도 행복순위에서는 상위에 랭크될 수 있다. 부자일수록 더 행복하다면 이 세상은 정말로 불공평하다. 가난하게 사는 사람들도 얼마든지 행복하게 살 수 있다.

행복을 좌우하는 중요한 요소들 중 하나는 삶에 대한 긍정적인 태도다. 자신이 처한 환경에 만족하면서 꾸준히 개선해나가는 사람들은 남들이 보기에는 하찮아 보이는 일에도 기쁨을 느끼고 행복해한다. 조그만 월셋방에 살다가 돈을 모아 10평대 아파트를 산 사람이 느끼는 행복은 이루 말할 수 없이 클 것이다. 불우한

환경에서 자라난 고아가 어렵게 결혼을 하고 아기를 낳아 단란한 가정을 꾸린 기쁨도 남다를 것이다. 어렵게 마련한 돈으로 꿈에 그리던 중고차를 산 사람이 최신형 고급승용차를 가진 사람보다 더 행복하고 기쁠 수도 있다.

돈이 없고 앞날마저 불안하다면 행복을 느끼기는 어려울 것이다. 일자리를 찾고 돈을 벌어야 한다. 그러나 생활하는 데 크게 불편하지 않을 정도의 돈을 갖고 있다면 누구나 행복할 수 있다. 불편하지 않게 살아가기 위해 얼마를 갖고 있어야 하는 지는 사람마다 다를 것이다.

어느 날 성공해서 갑자기 부자가 되겠다고 생각하기보다는 조금씩 나아지는 것에 기쁨을 느끼다보면 어느 순간, 부자의 대열에 들어갈 수 있다. 기쁨은 동기를 부여하고 상황에 능동적으로 대처하게 한다.

61

인생 역전한 사람보다
인생 여전한 사람이 좋다

우리 사회에서 얼마 전부터 유행한 말이 '인생역전'이다. 로또 복권 광고가 만들어낸 이 말은 수많은 사람으로부터 열렬한 호응을 얻었다. 로또복권 1등에 당첨되면 수십억 원, 많게는 수백억 원까지 상금을 탈 수 있으니 인생역전이라는 말이 그리 허황된 구호는 아니다. 로또 복권 1등에 당첨되면 아마도 지하 10층 깊이의 하수구에서 헤매던 삶이 한순간에 지상 10층의 구름 위로 붕붕 떠다니는 것과 비슷할 것이다.

이 인생역전의 꿈은 우리 사회에서 너무 많은 부작용을 초래하고 있다. 인생은 한순간에 역전되지 않는다. 로또 1등에 당첨될 확률은 814만분의 1에 불과하다. 확률적으로 보면 매주 10만 원 어치의 로또복권을 한 주도 거르지 않고 30년 동안 계속해서 구입하더라도 1등에 당첨될 확률은 1.9%에 불과하다. 아파트 분양 추첨을 한번 생각해보라. 1.9%의 확률은 대략 50대 1의 경쟁률이다. 이 정도의 경쟁률을 뚫고 당첨되기란 정말 힘든 일이다. 1천 원짜리 로또복권을 매주 1백만 원어치씩 30년간 사도 당첨확률은 19%에 불과하다.

로또복권을 사지 않고 그 돈으로 적금이나 개인연금 등에 가입하면 어떻게 될까? 아마도 상당한 돈을 모을 것이다. 집을 사거나 늘리는 데 상당한 도움이 되고 노후자금을 마련하는 데도 큰 보탬이 될 것이다. 인생역전을 꿈꾸는 사람들은 로또 복권을 사거나 카지노, 경마장, 경륜장, 성인 오락실, 성인 PC방 등에서 지내며 돈을 탕진할 뿐이다.

대박을 좇는 사람들은 거의 모두 더 깊은 수렁으로 빠져 들어간다. 국내 유일의 카지노 영업장인 강원랜드 주변에는 전당포 영업이 성행하고 있다. 귀금속뿐만 아니라 택시와 영업용화물차 등 서민의 생계수단까지 담보물로 들어온다. 도박에서 돈을 잃고 마지막 보루까지 내던진 서민들이 갈 곳이란 신용불량이나 파산밖에 없다. 일부는 자살을 하거나 강도짓도 한다.

정도의 차이는 있겠지만 주가지수선물이나 옵션 시장에서 승부를 내겠다는 사람들도 다를 게 없다. 가격이 급변동할 때, 주가지수선물이나 옵션을 매입한 사람들 중에는 수십, 수백 배의 이득을 남기는 사람들도 있다. 이들은 주식시장이 평상적으로 움직일 때는 한 푼도 건질 수 없는 가격대에 있는 주가지수선물이나 옵션을 사들인 뒤 인생역전을 꿈꾼다. 한 번에 대박을 내기 위해 가장 낮은 가격의 주가지수선물이나 옵션을 대거 매입한다. 이런 사람들은 대부분 돈을 잃는다.

우리나라에 대박을 꿈꾸는 사람들이 얼마나 많을까? 코스피 200주가지수 옵션 상품의 하루 평균 거래량은 2005년에 1,000만 계약에 달했다. 거래량 기준으로 세계 2위인 'DJ Euro stoxx 50옵션'의 무려 28배에 달하는 압도적인 숫자로 세계 1위였다. 일확천금을 꿈꾸는 사람들이 세계 어느 나라보다 많다는 얘기다. 물론 이들 중 극히 일부는 횡재를 할 것이다. 횡재를 한 사람들이 가져가는 돈은 수많은 투자자들로부터 나온 것이다. 대다수의 사람들이 극소수의 사람들을 '인생역전' 시키고 증권사에 엄청난 수수료를 넘겨주며 깡통을 찬다.

신용불량자가 급증한 데는 일확천금을 꿈꾸는 '인생역전' 열풍도 무관하지 않다. 외환위기와 경기침체만으로는 4백만 명에 육박하는 신용불량자들을 설명할 수가 없다. 2000년 10월에 내국인을 상대로 문을 연 강원랜드 카지노, 2002년 12월부터 판매하

기 시작한 로또 복권 등은 서민층에 허황된 사행심만 부추겼다. 주가지수선물과 옵션 상품도 수많은 사람들에게 도박장일 뿐이다. 이제는 도박을 하는 성인 PC 오락실까지 마을 곳곳에 파고들고 있다. 일파만파 파헤쳐지는 '바다이야기'가 그 좋은 예다. 이것 역시 서민층의 삶을 더욱 피폐하게 만든다.

서민들이 정상적으로 돈 버는 것을 포기하고 일확천금을 꿈꿀수록 우리 사회의 양극화는 심화된나. 이들 중 대다수는 더더욱 빈곤층으로 전락할 것이다.

62
돈은 더하기가 아니라 나누기다

어느 선을 넘어버린 돈은 더 이상 나의 것이 아니다. 매일 써도 남아도는 돈은 개인과 그 가족의 범위를 넘어선 것이다. 엄청나게 많은 돈을 벌어들인 미국의 부자들 중 일생 동안 번 돈을 다른 사람들과 나누어 쓰는 사람들이 유달리 많다. 미국의 부자들은 자선활동을 하는 것을 명예로운 일로 여긴다.

실제로 미국에서는 철강왕 카네기 이후 수많은 부자들이 엄청난 돈을 자선사업에 쏟아 부었다. 록펠러와 포드, 폴 게티 등 이미 세상을 등진 거부들뿐만 아니라 빌 게이츠와 워렌 버핏, 인텔 창업자인 고든 무어 등이 자산사업을 활발하게 펼치고 있다. 큰 부자들 뿐 아니라 일반 시민들의 기부문화도 일상화돼 있다.

미국에서 활동하는 자선재단은 6만여 개로 자산규모는 모두

5,000억 달러에 달한다. 가장 큰 재단은 빌 게이츠 부부가 설립한 빌&메린다 게이츠 재단으로 2005년 말 291억 달러의 자산을 갖고 있다. 워렌 버핏의 기부금 370억 달러가 추가되면 자산규모가 600억 달러로 늘어났다.

2위는 포드자동차 설립자인 헨리 포드의 아들, 에드셀 포드가 설립한 포드재단으로 115억 달러의 자산을 갖고 있다. 석유사업가이자 미술품 애호가였던 폴 게티의 후손들이 설립한 폴게티재단은 자산규모 96억 달러로 3위에 올라 있다. 미국 로스앤젤레스에 있는 폴게티박물관은 재단이 운용하는 대표적인 박물관으로 미술사 연구와 미술품 보전에 힘을 쏟고 있다.

존슨&존슨 설립자, 휴렛패커드 설립자 등 창업주들이 만든 재단도 미국에서 활발하게 활동하고 있다. 국제적인 환투기꾼으로도 유명한 조지 소로스는 열린사회기금과 소로스재단을 만들어 동구권 지원 사업을 벌여왔다.

미국의 부자들이 자선사업에 적극적인 이유는 여러 가지가 있을 것이다. 우선 '노블레스 오블리주'라 불리는 '사회지도층의 의무'와 같은 전통이 미국인들에게 면면이 이어져왔다. 영국의 왕자가 전쟁에 나가 화제가 되듯이 서구 사회에서는 지도층의 솔선수범이 뿌리 깊은 전통으로 남아 있다.

자식에게 물려주고도 남을 만큼 엄청난 재산을 모았기 때문에 그 돈으로 할 수 있는 일이라고는 망해서 한꺼번에 털어먹는 것 이외에는 다른 사람들을 위해 쓰는 자선사업 밖에 없었을 수도 있다. 카네기가 자산사업과 교육을 위해 설립한 재단에 출연했던 돈 3억 5천만 달러는 당시 미국 국내총생산GDP의 0.42%였다. 워렌 버핏과 빌 게이츠의 재단출연액 600억 달러도 미국 GDP의 0.5% 수준이다. 이렇게 큰돈을 가족에게 물려준다는 것은 엄청난 부작용을 초래할 수 있다고 우려했을 수도 있다. 정부에 상속세를 내느니 차라리 자신이 바람직하다고 생각하는 일을 직접 하겠다고 생각하는 사람들도 있을 것이다.

아무튼 미국의 거부들은 자식에게 물려줘도 괜찮다고 생각하는 수준의 재산만 남겨둔 채, 자선재단 등에 모든 돈을 출연하는 경우가 많았다. 돌이켜보면 이들의 결정은 여러 가지 측면에서 매우 현명했다. 무엇보다도 사회적인 명예와 존경을 얻었다. 자손들은 부모가 설립한 재단에서 이사장 등으로 명예롭게 일하고 있다. 자선재단의 이사장 등은 대부분 설립자의 가족이 맡고 있다. 매순간마다 생존경쟁을 벌여야 하는 기업들은 두 대代를 넘기기가 어렵지만 자선재단이나 박물관 학교 등은 계속 이어진다. 재단이사장이나 박물관장, 학교이사장 등은 한평생을 품위 있게 살아갈 수 있는 좋은 직장이다. 자신이 쌓은 부가 자신이 원하는 특정한 유형으로 계속 남아 있다는 것을 지켜보는 것도 매우 좋은 일일 것이다. 나눔의 철학으로 개인의 소유를 완성시킨 셈이다.

63

자식을 망치려면 돈을 물려줘라

　국내 모그룹의 재산분배가 끝나사 창업주는 더 이상 자식들을 볼 수 없었다고 한다. 그 창업주는 얼마 남지 않은 여생을 참으로 쓸쓸하게 보내야 했다. 돈이 없는 부모는 그들에게 더 이상 부모가 아니었다. 부모는 그저 돈 많은 사람일 뿐이었고, 자녀들은 그 돈을 상속받을 권리를 갖고 있는 사람들이었을 뿐이다. 많은 부자들은 자식들을 너무 귀하게 키우면서 상속인으로 만든다. 그것은 전적으로 부모의 잘못이다.

　우리 돈으로 35조 원(370억 달러)을 빌 게이츠가 만든 재단에 내놓기로 한 워렌 버핏은 "자식에게 많은 돈을 주는 것은 자식을 망치는 짓"이라고 말했다.

　부자에게는 상속자만 있을 뿐, 자식은 없다. 그것도 돈을 갖고

긴급 속보입니다.
시청자 여러분, 오늘 서울
주택가에서 한 아버지가
자식에게 유산을 물려 주려한, 참으로
어처구니 없는 사건이...
아빠, 미워!
NEWS
쯧쯧...

있을 때만 상속인은 찾아온다. 재산 분배가 모두 끝나 더 이상 물려줄 것이 없으면 상속인들은 발길을 끊는다. 문지방이 닳도록 드나들던 상속인과 그 배우자들은 더 이상 볼 수 없다. 그래서 돈 많은 사람들은 죽기 전까지 상속을 미룬다. 그런 부자들에게 참된 자녀는 없다.

64

돈의 향기

똥과 닮았다.
뿌리면 거름이 되고, 쌓이면 악취가 난다.

65

진짜 부자는 돈을 많이 쓰다 간
사람이다

돈이란 쓰기 위해 버는 것이다. 하지만 사람들은 종종 이 사실을 까먹는다. 왜 부자가 되려는지 잊어버린다. 그래서 병상에서 죽는 그 순간까지도 재산을 움켜쥐고 가족들에게게마저 의심의 눈초리를 보내는 사람들이 많다. 자신과 가족, 그리고 주변 친지들까지 넉넉하고 행복하게 살 만한 수준으로 올라섰는데도 탐욕스러운 욕심은 멈출 줄 모른다. 그런 사람은 한꺼번에 모든 것을 잃는다.

미국의 철강왕 앤드류 카네기는 자신이 이룩할 수 있는 것을 이뤄냈을 때 모든 것을 처분했다. 그는 1901년에 4억 4,700만 달러라는 거금을 받고 그가 만든 철강회사를 팔았다. 당시로는 사상 최대의 기업매각이었다.

당시 그의 나이는 66세였다. 결코 적은 나이는 아니었지만 카네기는 그 후 좋은 일을 하며 18년을 더 살았다. 카네기공과대학을 설립하는 등 교육사업과 자선사업에 무려 5억 달러를 썼다. 그가 지은 도서관만 2,500여 개였다고 하니 참으로 놀랄 일이다. 가족에게는 1천 5백만 달러만 남겨줬다. 그는 "부자로 죽는 것은 부끄러워해야 할 일"이라는 자신의 말을 지켰다.

가난한 환경에서 역경을 딛고 성공한 부자였던 카네기는 자신을 위해서는 돈을 쓸 줄 모르는 사람이었다. 촛불 하나를 켜는 것도 아낄 정도로 근검절약이 몸에 밴 인물이었다. 하지만 자신이 하고 싶은 일에는 마음껏 돈을 썼다.

오디오 전문기업 인켈 창업주였던 조동식 명예회장은 1994년 해태그룹에 경영권(지분 17%, 80만 주)을 2백억 원에 넘겨주고 홀연히 재계를 떠났다. 장남인 조석구 회장에게 경영을 맡겼으나 그를 포함한 자식들이 회사경영에 큰 뜻이 없었다고 한다. 조 명예회장은 2003년 말에 별세했다. 아마도 그는 주변 사람들에게 좋은 사람이었을 것이다.

참부자는 돈을 가장 많이 번 사람이 아니다. 일생 가장 많은 돈을 쓰다가 간 사람이다. 너무 당연한 이 사실을 너무 당연하게 잊고 지내는 것은 우리 사회의 불가사의다. 돈을 버는 것이 인생의 목표가 될 수는 없다.

세계 최고의 부자인 빌 게이츠가 2008년 7월까지 회사 업무에서 완전히 손을 떼고 의료와 교육 등 자선사업을 하겠다고 나선 것을 보면 그는 세계 최고의 부자가 될 자격을 갖추고 있다. 그는 아마도 이 세상에서 돈을 가장 많이 쓰고 가는 사람이 될 것이다.

돈 버는 것은 1차 목표가 될 수는 있겠지만, 돈을 번 후 어떻게 쓸 것인가는 0순위 목표가 돼야 한다. 쓸 곳이 명확할수록 벌어야 하는 이유도 더욱 명확해진다.

66

유쾌하게 살면 유쾌하게 돈이 들어온다

유쾌하게 살고 유쾌하게 돈 버는 방법은 무엇일까. 그렇게 살고, 그렇게 돈을 벌면 된다. 그 뿐이다. 여러분 스스로가 유쾌하게 느끼는 일을 찾아내 열심히 일하고, 그 과정에서 돈을 벌면 된다. 얼마나 부자가 되느냐는 두 번째 문제다. 유쾌하게 돈을 벌려면 부자가 되는 길을 엉뚱한 곳에서 찾아서는 안 된다. 지금 서 있는 곳이 가장 큰 경쟁력을 발휘해서 돈을 벌 수 있는 곳이다. 겉으로 보기에는 하찮아 보이더라도 진짜 하찮은 일이란 이 세상에 없다.

택배사원이 새로운 아이디어로 DHL 보다 나은 회사를 만들 수 있고, 커피점을 하는 사람이 스타벅스를 능가하는 커피체인점을 만들어낼 수 있다. 치킨집을 하던 사람이 우리나라 사람의 입맛에 맞는 독특한 소스를 개발해 대규모 체인점 사업을 할 수 있다. 변호사 사무실에서 일하는 직원도 변호사보다 많은 고객을 끌어들여 고액연봉을 받을 수 있다. 나중에는 변호사를 고용하는 수준으로 성장할 수도 있다. 어떤 분야에서 일에 재미를 느끼고 열심히 하는 것으로 돈을 벌겠다고 생각하면 유쾌하게 돈을 벌 수 있다.

일에서 흥미를 찾고 자신의 능력을 개발하는 과정은 재미있다. 모르는 것을 배우는 것도 즐겁고 유쾌한 일이다. 하물며 잘못된 사업관행을 뜯어고치고 그 대가까지 챙긴다면 기쁨은 두 배 이상이 될 것이다.

직장 동료와 선후배들로부터 인정받는 사람은 어디에 가더라도 성공할 수 있다. 직장에 다니면서 잠자고 있는 재능을 일깨우고 능력을 계속 키워나가야 한다. 능력이란 무엇인가를 알고 있다는 지식뿐만 아니라 누가 그 일을 잘 하는지를 아는 것도 매우 중요하다. 우리나라에서는 인맥이 서로 뒤를 봐주는 것으로 이해하지만 진짜 인맥은 각 분야의 전문가들을 두루 알고 친하게 지내는 것이다. 필요할 때마다 조언을 구하고 함께 일을 할 수 있는 사람들이 있다면 성공에 더 가까이 다가갈 수 있다.

대부분의 사람들은 자신이 하고 있는 일에 경쟁력을 갖고 있는

데도 바깥에서 해결책을 찾는다. 등잔 밑은 늘 어둡다. 자신이 부자가 되는 방법은 그 자신이 가장 잘 알고 있다는 자신감을 가져야 한다. 아무리 훌륭한 책이라도 당신의 처지나 특성까지 감안해서 설명해주지는 않는다. 일반적인 원칙은 해결책이 될 수 없다. 선배와 동료들의 경험에서 배우고 시행착오를 거치는 과정에서 자신만의 방법론을 확립해나가야 한다.

이런 과정을 통해 큰돈을 버는 사람들이 탄생한다. 대부분의 사람들은 크게 성공하지는 못하더라도 적지 않은 돈을 모을 수 있다. 액수에 관계없이 벌어들인 돈을 잘 관리하면 재산을 점점 불릴 수 있다. 일확천금을 꿈꾸는 올인식 재테크가 아니라 물가상승률 이상의 수익률을 꾸준히 거두겠다는 목표로 접근해야 한다. 재테크의 기본개념에 충실하게 자산을 운영하면 중장기적으로 손해 볼 일은 거의 없다.

차는 차로車路를 가야하고 사람들은 인도人道로 걸어가야 한다. 차로가 돌아가는 먼 길이라고 해서 인도로 뛰어들거나 산길을 가로질러가서는 안 된다. 자동차를 망칠 뿐만 아니라 동승자와 행인까지 위험에 빠뜨릴 수 있다. 고속도로가 막힌다고 해서 국도를 찾아가는 것이 늦어지는 경우가 많다. 하물며 인도와 산길로 뛰어들면 어떻게 되겠는가. 시간이 더 걸리는 정도가 아니라 가는 목적지가 병원이나 황천길로 바뀔 수 있다.

모든 사람들은 어느 순간에 선택을 해야 하는 기로에 서게 된다. 힘든 길을 걸어가야 하는 부자가 되기보다 다소 월급이 적더라도 안정적인 직장생활을 즐기면서 평범하게 살아갈 것인가? 직장을 다니면서 좀더 배워 더 좋은 회사로 옮겨야 할 것인가? 아니면 사업을 통해 인생의 승부를 걸어야 할 때인가? 아니면 여유 있는 삶을 누려야 할 때인가?

모든 사람들에게 맞는 제각각의 길이 있기 마련이다. 그 길을 열심히 가면 된다. 엉뚱한 길에서 엉뚱한 일을 벌여서는 안 된다. 그리고 꼭 한 가지, 당부하고 싶은 것이 있다. 돈은 불과 같아서 너무 가까이 다가가면 타서 죽고, 너무 멀리 떨어지면 얼어 죽는다. 돈에 가까이 다가갈수록 멀어지려 노력해야 한다는 것. 돈에 멀어질수록 가까이 다가가려고 노력해야 한다는 것. 예술적인 '거리'를 유지하는 것. 이것이야말로 유쾌하게 살아가면서 돈 버는 방법이다.

67

유쾌하게 돈과 친해지는 법

인간이 편하게 살고자 만들어 놓은 것 중 가장 큰 무게로 인간을 지배하는 것은 돈이라는 물건이다. 인간은 흙을 창조할 수 없다. 곡식이 익는 데 필요한 바람이나 햇빛도 창조할 수 없다.

돈은 모든 천연 자연물이 인간에게 이롭게 쓰이도록 만드는 데 필요한 수고비의 대가다. 물고기 한 마리를 샀을 때, 바다로 나가기 위한 배의 비용과 수요자에게 공급하기 위한 유통망에 대한 대가를 생선 값(시장에서 형성되는 가격)으로 치르는 것이다. 고등어 한 마리가 3,000원이라고 하자. 우리가 지불하는 것은 고등어가 내 앞에 오기까지의 수고비 3,000원 + 천연 물고기가 된다. 그러니 '내가 당신에게 햇빛을 보낸다' 할 때 돈은 한 푼도 들지 않는다.

이 시대의 가장들은 자신의 목숨을 담보로 한 종신보험을 든다. 불현듯 자신이 떠나갈 때, 가족들을 위한 최소한의 생계비를 마련해주기 위해서다. 가족들이 받는 것은 돈이기도 하지만, 돈보다 더 큰 사랑을 받는 것이다.

돈은 따뜻한 얼굴과 차가운 얼굴, 순간순간 색깔이 바뀌는 카멜레온처럼 다양한 얼굴을 가지고 있다. 돈의 위력을 알면서도 천진한 시인들은 평생 돈과 거리를 두고 산다. 친구나 집안 식구들을 통해 최소한의 술값으로 인생을 살기도 한다. 한편 '돈은 가져봐야 진정한 의미를 안다'고 생각하는 사람들은 돈을 가져본 후에 돈의 위력에서 벗어나기도 한다. 그것은 개인의 선택이다. 전자와 후자가 상당히 다른 듯 보이지만, 공통점이 있다. '거리'다.

눈앞에, 매력적이고 인생을 걸어도 좋을 것 같은 이성이 있다고 하자. 누구든 그와 빨리 가까워지려 애쓸 것이다. 그러나 연애의 경험이 있는 사람이라면 전화와 이메일의 횟수를 가능한 줄일 것이다. 그리고 상대방에 대해 깊이 생각할 것이다. 상대는 오히려 당신의 진중함과 배려에 대해 감사할 것이고 어느 순간, 당신의 곁에 있게 될 것이다.

돈의 유쾌함에 대해 생각해왔다. '돈에 대해서도 유쾌할 수 있는가?'라는 화두는 깊은 고민을 안겨주었다. 나 역시 그만큼의 '거리'를 유지하면서 평생을 살 수 있기를 소망한다.

'무거운 것은 가벼운 듯이, 가벼운 것은 무거운 듯이'. 적당한 거리를 유지하면서.

돈에 죽고 사는 세상에서

유쾌하게 돈 버는 법 67

초판 1쇄 인쇄 2006년 10월 18일
초판 2쇄 발행 2006년 11월 18일

지은이 | 현승윤
펴낸이 | 한 순 이희섭
펴낸곳 | 나무생각
편집 2팀 | 김현정 편집 1팀 | 정지현
디자인 | 노은주 임덕란
마케팅 | 나성원 김선호
경영지원 | 박영식 김선영

출판등록 | 1998년 4월 14일 제13-529호
주소 | 서울특별시 마포구 서교동 475-39 1F
전화 | 334-3339, 3308, 3361
팩스 | 334-3318
이메일 | tree3339@hanmail.net namu@namubook.co.kr
홈페이지 | www.namubook.co.kr

ⓒ 현승윤, 2006

ISBN 89-5937-120-3 03320

값은 뒤표지에 있습니다.
잘못된 책은 바꿔 드립니다.